AI科技时代的创客教育

杨宸彰　高焕堂　著

中国民族文化出版社
北　京

图书在版编目（CIP）数据

AI 科技时代的创客教育 / 杨宸彰，高焕堂著 . —北京：中国民族文化出版社有限公司，2020.6

ISBN 978-7-5122-1359-3

Ⅰ . ① A… Ⅱ . ①杨… ②高… Ⅲ . ①创造教育—研究 Ⅳ . ①G40-012

中国版本图书馆 CIP 数据核字 (2020) 第 084264 号

AI科技时代的创客教育

作　　者　杨宸彰　高焕堂
责任编辑　万晓文
责任校对　张嘉林
责任印制　陈大力
出 版 者　中国民族文化出版社　地址：北京市东城区和平里北街14号
　　　　　邮编：100013　联系电话：010-84250639　64211754（传真）
印　　装　天津雅泽印刷有限公司
开　　本　170mm × 240mm　16开
印　　张　16
字　　数　213千
版　　次　2020年6月第1版第1次印刷
标准书号　ISBN978-7-5122-1359-3
定　　价　69.00元

内容简介

在 AI（Artificial Intelligence，人工智能）技术高速发展的今天，创客教育也迈向了更高的层次。创客教育的独特性在于让每个学生在动手创作的前期便改变思维模式，以便激发创新思路，让逻辑变得清晰。本书正是这样一本训练和改变学生思维模式的实用参考图书。书中使用海报纸和便利贴来激发创意，并进行团队演练，由此很好地促进了学生的心智创新和协同创新。

序　一

“想清楚，说明白，动了手，做出来”，是我们希望达到的目标。我们在创新的过程中，需要想清楚三件事：愿景是什么？目标如何实现？过程如何实施？

本书主要介绍创客教育的独特性（个性化教育），要让每个学生在动手创作的前期改变思维模式，这样就能重点突出创新思路，逻辑清晰。不管是中小学生、大学生，还是创业前的毕业生，只要你想创新与动手设计，创客教师就能帮助你从独特的个性化教育方式中受益。本书是训练及改变思维模式的实用参考图书。

●什么是个性化教育？

对被教育对象进行测试和分析，根据社会未来发展趋势，量身定制教育方法，帮助被教育对象形成完整、独立的人格，展现自身的独特性，释放生命潜能，提升个人素养的教育和培训体系。

●为什么要推行个性化教育？

经过系统化的教育，培养具有鲜明色彩的新时期人才，对改变学生的思维方式、提升学生的综合素养有着积极的作用，最终将促进社会教育的系统化发展。

●个性化教育能帮助你解决哪些问题?

通过完善的个性化教育体系，将被教育对象的思维方式进行整合和优化，有效预防心理障碍，减少人格缺陷；有效开发个人潜能，针对观念、思维和能力进行有效沟通，实现思维方式的改变和个人技能的提升，最终通过创新精神获得独立思考能力与创新制造能力，实现自我超越。

本书适合的读者: 所有想开发创新思维，培养解决问题能力、动手设计能力，改善思维的逻辑性、条理性，提升效率和效能的人。

杨宸彰

新加坡奥思乐（Oxylos）集团总裁

序 二

本书的目标是让大家一起来演练心智创造的过程，养成创新性思维习惯，如达・芬奇（Leonardo da Vinci）的“以终为始”思维习惯。人们先有了创意的习惯，才会更想去实现它。

心智创造不一定是一个人很孤独地思考，其实可以多人分享创意、互相激荡，而激发出更丰富的创意。例如，本书使用海报纸和便利贴来促进创意的分享，并进行团队演练心智创造的过程，促进协同创新。时值AI时代来临，人与AI机器之间的协同创新也愈来愈重要了。

于此，非常感谢奥思乐公司的同人，努力追求上述目标，并创造出许多高实用价值的教学技巧和案例，让很多学校成功推进个性化教学，从而开创自主创新时代的创客教育。

高焕堂

铭传大学、台湾科技大学教授

目 录

第 1 章

AI科技创新时代的创客教育

从AlphaGo和柯洁的世界围棋大战到支付宝的刷脸支付，从无人机航拍勘探到无人驾驶车辆的正式上路，人工智能的应用已经逐渐在日常生活中普及。

随着时代的发展，培养学生的综合素质、高阶思维、创新思维、逻辑思维变得尤为重要，创客教育恰恰讲的就是自主创新的个性化教育。

1.1　以创新塑造教育未来

1.1.1 创客教育的核心目标

创客教育的目标是推广创客精神，并将创客文化与教育有机融合，改变传统教育，以学生的兴趣爱好为导向，以项目学习为方式，使用数字化工具，培养学生跨学科解决问题能力、沟通交流能力、团队协作能力和创新能力，进而培养具有逻辑性思维和创新思维的国际化创新型人才。其中的核心要点包括：

· 具有大跨度联想力，酝酿更多突破性的想法。

· 具有深度思考习惯，看待世界的角度更加客观和准确。

· 培养沟通交流技能，理解不同类型的人的立场。

· 建立开放的关系网，促进协同创新。

1.1.2 孕育科技创新潜能

创客教育的目的是通过完成主题学习，让学生不断成长，并影响更多的人参与其中。其中，除了上一小节（1.1.1）所说明的思维习惯、开放态度的培养之外，还特别关注科学、科技发展幕后的深层哲学与艺术心灵的培养，建立科学创造的自信心。其中的要点包括：

· 具有基础的科学哲学素养，了解科学知识体系的建立思维。

· 运用当今数字化工具，如互联网平台、AI 大数据分析工具等。

· 熟悉设计思维的工作流程，理解商业环境，创意会更接地气。

· 具有艺术感知和创意表现，培养形象思维，以及激发尝试解决问题的兴趣。

1.2 个性化教育的核心

1.2.1 个性化教育的重要性

个性化教育是尊重学生个性的教学，是根据学生的个体差异、兴趣、特长因材施教，着重培养学生的独立思考能力，遇到所有的知识和问题都需要通过独立思考得出结果，不会人云亦云、盲从权威，塑造独特健全的思想和性格，着力把学生的想象力、创造力发挥到极致。在这同时，进一步培养教师的个性化教学能力。因为在长期的学习生活中，学生接受的是统一的教材与缺乏个性的教育模式相结合的教学方式，这使学生无法感受到学习的多姿多彩，也无法体验学习的乐趣，这样他们的个性根本无法得到张扬，长久以来就扼杀了本应有的个性，这将导致学生的创新力和创造力不断衰微，最终将学生加工成统一的“标准件”。目前在科学技术日新月异的信息化社会，我们需要越来越多有独立思考能力、有创新精神的学生。

1.2.2 给学生一座花园，而不是一间花店（奥思乐课堂案例）

奥思乐提供独特的个性化教育方式，把课堂转变成学生的创意室。要相信学生的创造能力，从幼儿、儿童到少年及青年，只要你相信他们，并能积极有效地开发他们的潜能，为他们创造有利条件，他们就会激发出精彩的观点，甚至超过教师，超过权威。

在课堂上要给每个学生一种紧迫感，这种紧迫感是建立在对所有学生信任的基础上的。紧迫感让每个学生都动脑筋，都要有自我产生新观点的内在冲动，这种冲动是课余大量阅读和课堂积极思维的产物。学生一旦产生了精彩观点，教育者应当以学者的姿态加以肯定，不仅说明肯定的理由，还应说明这个精彩观点的实现意义，更要让学生认识到精彩观点的产生并不是权威者的专利，每个善于独立思考的人都可以产生精彩的观点。

想要让学生在课堂中产生精彩观点，就必须打破注入式教学法，特别是在课堂上，要颠覆从观点归纳法到具体问题和现象演绎法（应试教育）的教育方式，学习如何从具体问题和现象到观点（个性化教育），而且这个观点不是教师暗示或表达的，是学生通过现象独立思考后的产物。如讲解历史人物李自成，应试教育方式会首先定义为历史正面人物（观点），然后再讲一些人物生平事件等一一佐证（现象）；而个性化教育则会让学生自己查阅分析历史资料（现象），独立思考得出自己对历史人物的评判（观点）。

奥思乐的成功经验，让我们深深觉得，提供独特成功的教学不仅在于课堂本身，更在于课堂之外。要让学生享受课堂，就必须让学生在下课时继续争辩课堂上的观点，课后自发地进行大量阅读（不单纯定义为文字型阅读）和研究。

奥思乐课堂案例一

从个性化教育体系本身来说，该案例没有设置过多的条件，而是通过特定的情景设定来考查学生对陌生环境的应对能力。

课堂练习：假如你在一座孤岛上，将如何求生？如图 1-1 所示。

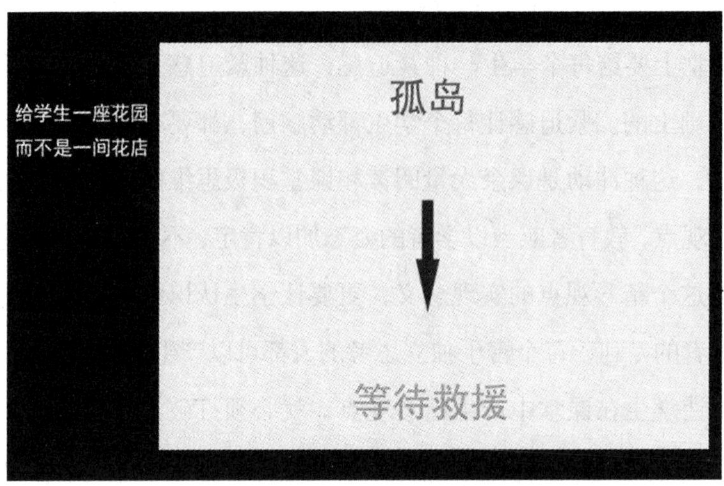

图1-1　课堂案例“孤岛求生”

大多数学生会回答：等待救援。

但是经过讨论，很快便发现这是不可行的。因为我们不知道在哪儿，多久会有人来这个岛屿，会不会被野兽攻击，有没有足够的食物和淡水。如图 1-2 所示。

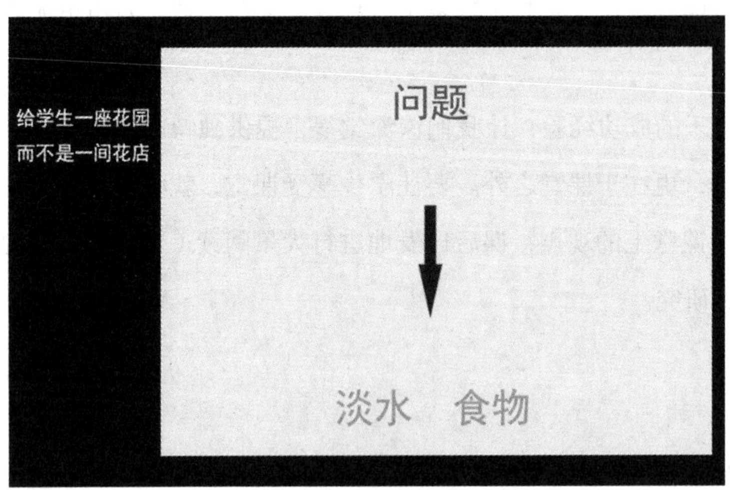

图1-2　课堂提问

学生很快开始整理思路：这是一座什么岛？有没有同伴？气候怎么样？我有什么可以使用的物资？有没有淡水？有没有野果？如何分辨有毒的食

物？如图 1-3 所示。

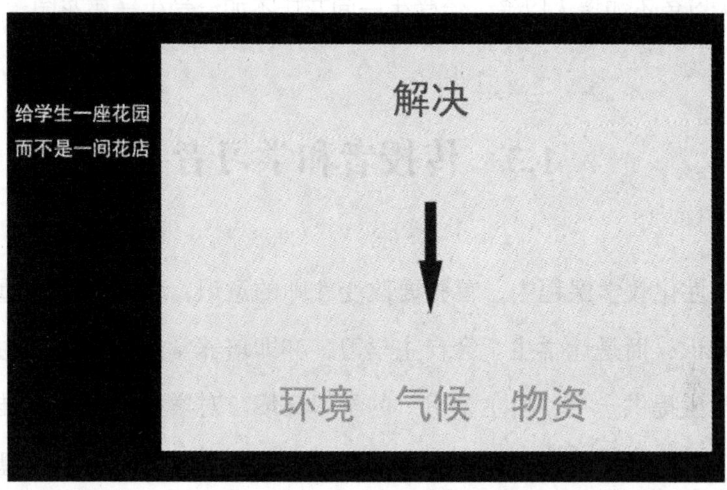

图1-3　学会解决问题

经过一系列的线索整理，学生对现有的情况进行发现和总结，逐渐地对目前的状况采取相对应的措施，很快形成一个团队，彼此协作。有人去取淡水，有人捕鱼，有人采野果。当基本的生活问题得到解决后，开始制作工具，建造房子，最后建造出一条足够大的船，离开这座孤岛。如图 1-4 所示。

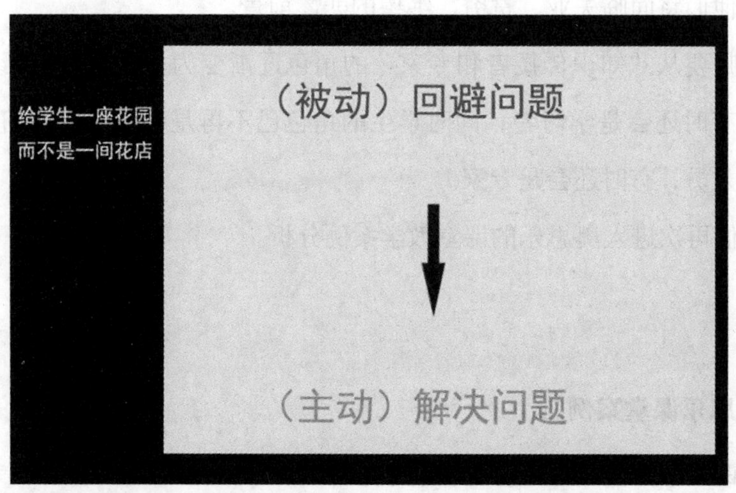

图1-4　从被动接受现实到主动解决问题的改变

学生在这一过程中，培养了从被动接受现实到主动解决问题的能力。

授人以鱼不如授人以渔，给学生一间花店不如给学生一座花园。

1.3 传授者和学习者

在个性化教学课程中，首先要改变教师的意识，教师教学的重点已不是传授知识，而是让学生学会自主学习，亦即培养学生的学习能力，在课堂上给学生提供一个“自主学习”的学习环境。对学生的评价标准也已不是记忆多少教师所传授的知识，而是“信息获取、信息分析与信息加工的能力”。正如比尔·盖茨所说：你孩子的世界不会与从前一样，他们的未来依赖于他们一生中掌握的概念，做出新选择，不断学习、不断适应的能力，在这种全新的社会环境中，人的智能和知识将作为社会的主要资本。对于那些拥有信息时代学习与创新能力的人来说，新时代是一个充满机遇和希望的世界，而对于那些缺乏此类能力的人来说，当旧工作消失、旧体制崩溃时，他们将面临失业、贫穷、绝望的悲惨前景。

教师要从“知识传授者和专家”的角色逐渐变为协作人员、帮助者的角色，有时还会是学习者；同时学生的角色已不再是听从者和学习者，而是协作人员，有时还会是专家。

我们再次进入奥思乐的课堂教学案例分析。

奥思乐课堂案例二

在课程中，教师先让学生说出身边常见的动物有什么。在这里，教师扮演了传授者的角色，学生是听从者。学生回答出了猫和狗。如图 1-5 所示。

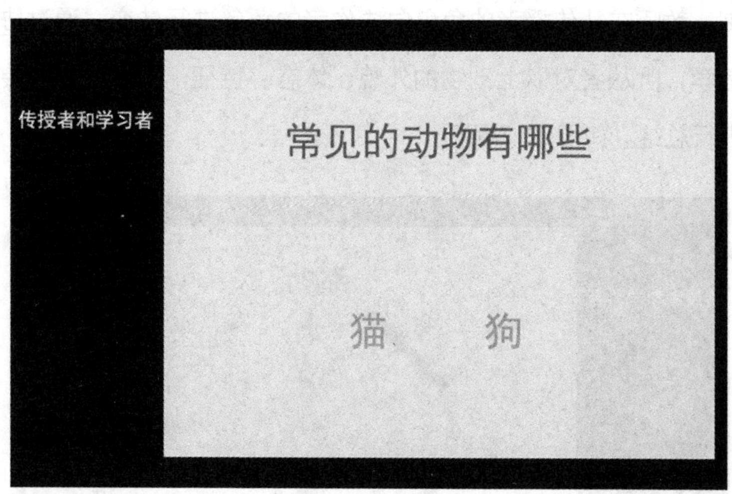

图1-5　课堂案例“动物世界”

随后教师继续引导，除了家养的宠物，还可以联想一下天上飞的、地上爬的和动物园里能见到什么动物。这次，学生很快继续答出了鸟、蚂蚁、蜜蜂、大象、狼等动物。如图 1-6 所示。

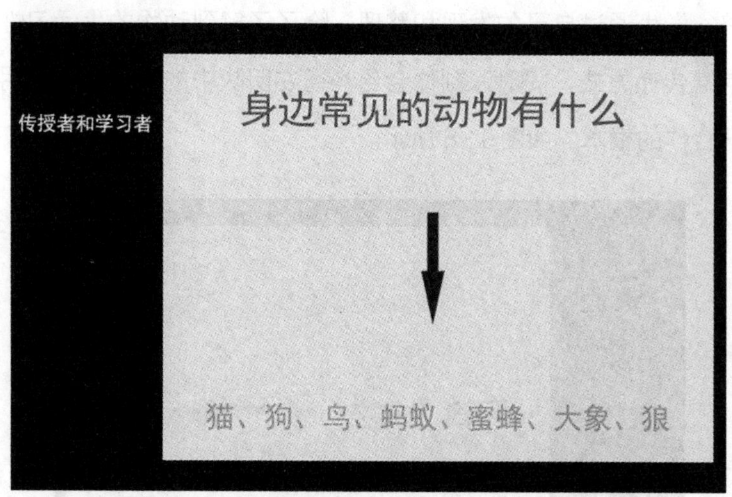

图1-6　启发式的教学——改变思维习惯

此刻，教师在从传授者的角色向协作者的角色进行转变。通过协作者的启发式教学，听从者对以上动物的外貌、体态、特征，以及向同类传达信息的方式进行总结。如图 1-7 所示。

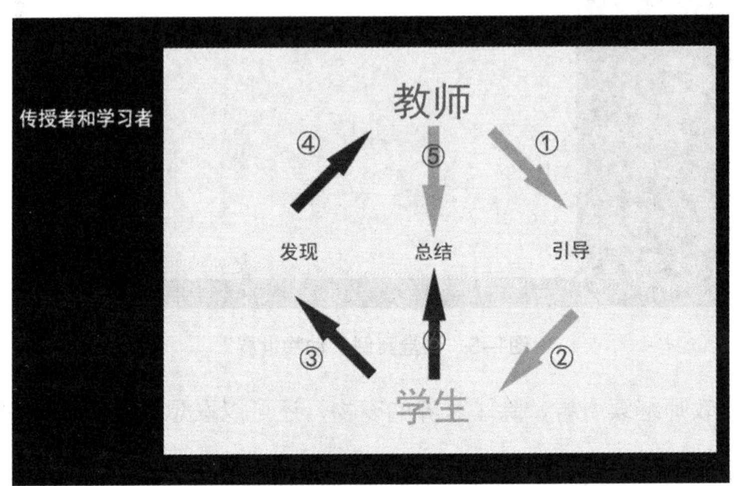

图1-7　传授者和学习者的相互关系

最终，学生通过自己的发现和整理，除了了解到动物的生活习性和同类之间的信息传递方式，同时深刻体会到沟通在团队中的重要性，也明白了协作是团队合作的根本。如图 1-8 所示。

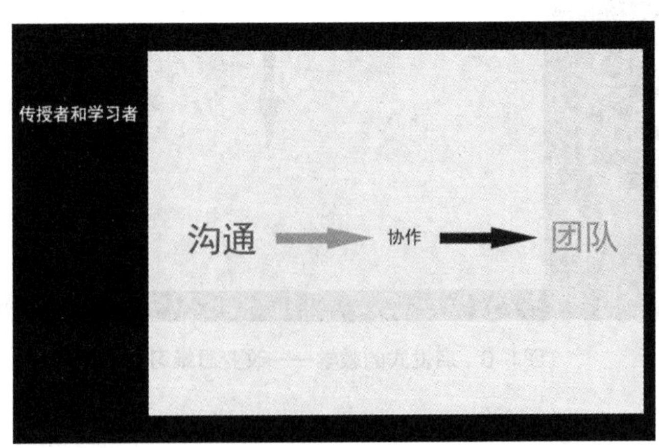

图1-8　通过自我学习进行提升

教师更多的是从传授者变为协作人员，让学生从听从者变为专家，学会自我总结和归纳。

1.4　创客教育的成效与省思

1.4.1 直面学习，提升获得感

创客教育课程开展几年后，教师清晰地感受到学生的成长与变化。首先是学生自信心的提高，他们从羞于表达，到积极回答问题和展现自己。其次是学生解决问题能力的提升，他们从答案单一、空有想法、只知百度、不善质疑、轻言放弃，到答案多元、愿意实施、多种检索、敢于质疑、勇于坚持，逐渐形成正确的研究习惯，最终理解批判性思维的重要性，体验到学习的乐趣。

1.4.2 从学习走向创造与生成

创客教育的目的是通过完成主题学习，让学生不断成长，并影响到更多的人参与其中，把创新、开放、共享的理念传递出去。创客基地的教师借着学校的自主项目平台，开展了“创客教育课程进校园”项目。在项目初期，他们自发地组建团队、制订方案、积极备课，经学校专家组的审核，再经历项目答辩、修订方案、再次答辩，最终实施项目。教师利用课余时间为学生答疑解惑，准备一次次试讲，完善备课环节，并主动联系当地各所学校，为小学生送去自己精心准备的创客教育课程。他们的认真、热情和幽默受到学校师生的一致好评。每次课后，他们都组织课后反思，不断创新自己的教学内容和方式，持续提升教学水平。在此过程中，他们成了真正的小导师，具有创新意识和能力，并通过微信公众号将自己的感悟传

递给更多的学生，这无疑体现了创客教育的理念——创新、开放、共享。

通过“创客教育 + 课程”的学习，学生将有机会体会不同学科知识之间的相通性，促进学生对各学科知识的融会贯通，在师生共同检索、阅读、写作、设计、操作的过程中，教师实现了跨学科的课程内容开发，学生实现了跨学科的学习。

面对新课改、新高考，如何让学生主动去探索，这是我们每位基础教育工作者面对的课题。我们希望构建一个积极、开放的学习环境，释放出师生的潜能；我们希望师生一起做有趣的事情，过有意义的生活；我们希望给师生提供挑战机会，让学校中的每个人都成为最好的自己。

1.4.3 奥思乐的使命

奥思乐创客教育以新加坡的教育理念为重心，联合各国创客导师，共同研发了融合科技、工程、技术、人文艺术、教学、设计、领导力的独特系统化的“创客赋能”课程体系，以及创客能力测评和量化体系，为不同阶段的学习者赋能，提升学习者的创新自信心、造物技能与创新思维能力，并提供全方位的课程教育服务，通过这种教育方式培养创新型人才。

第 2 章

任何事物都要经过：两次创造

史蒂芬·柯维（Stephen Covey）曾经指出，所有事物都是经过“两次创造”而成。其中的第一次创造——心智创造（Mental Creation），是创新的源头，也是本书的主题。

心智创造不一定是一个人很孤独地思考，其实可以多人分享创意、互相激荡而激发出更丰富的创意。例如，本书采用高焕堂提出的DTF框架来协助人人思考，并使用便利贴来呈现和分享，促进协同创新。

时值AI时代的来临，人与AI机器之间的协同创新，也愈来愈重要了。

2.1　两次创造

2.1.1 心想与事成

史蒂芬·柯维（Stephen Covey）曾经指出，所有事物都是经过“两次创造”，先在心中构思（心想），然后付诸实施（事成）。两次创造就是创新过程中紧密相连的两个阶段。

第一阶段的心想，即心智创造（Mental Creation），需要先思考目标（或称终点），确认为达目的应该做什么事。第二阶段的事成，即实体创造（Physical Creation），则需要拟定实践方法，也就是为了做到该做的事，而如何安排具体时间、实质材料和作业顺序。两者在核心功能上有所不同，但又相辅相成。

2.1.2 以 DTF 表达心智创造的要素

高焕堂先生于 2014 Spark 亚太峰会和 TiD2016 质量竞争力大会上提出了创新思维框架（DTF），用来表达上述第一次创造（心智创造）的基本要素：问题（Problem）、愿景（Vision）、创意 / 设计（Creative/Design）和现实（Reality）。

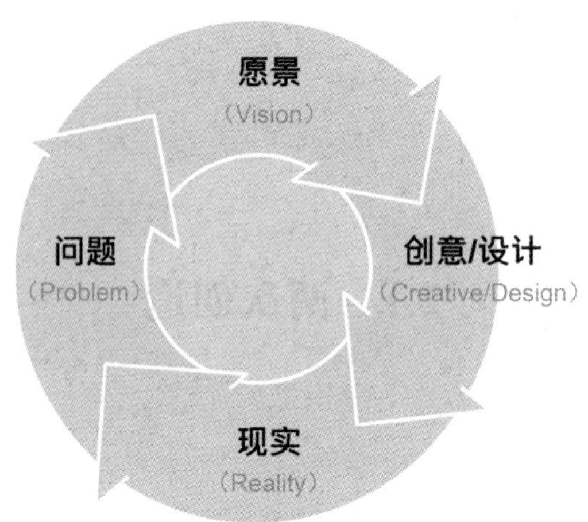

图2-1 DTF创新思维框架

高焕堂教授于 2017 年把 DTF 创新思维框架（图 2-1）简化，形成“简化型的 DTF 框架”，如图 2-2 所示。

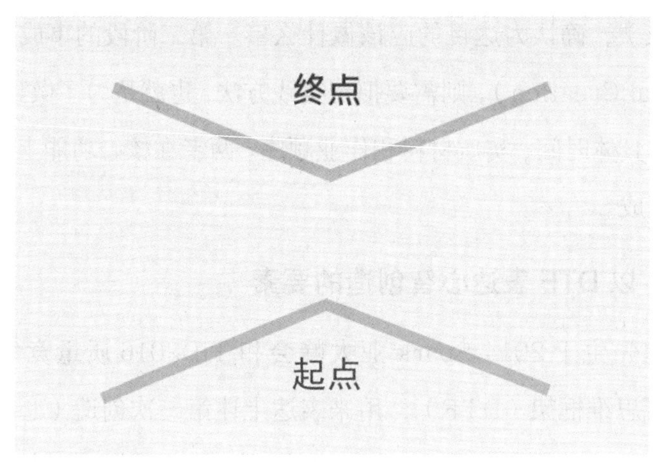

图2-2 简化型的DTF框架

2.1.3 DTF 搭配便利贴（Post–it notes）

在教室里，只要准备一张海报纸、几张便利贴和一支笔，就能将海报纸贴在墙壁上，进行团队的心智创造演练了，如图 2-3 所示。

图2-3　DTF搭配海报纸和便利贴

教师可以引导学生互相观摩，分享各自的洞察和联想，鼓励大家乐于想象，并且呈现于海报纸上。例如，在这海报纸上，可以表达一些学生的“以终为始”思维，如图 2-4 所示。

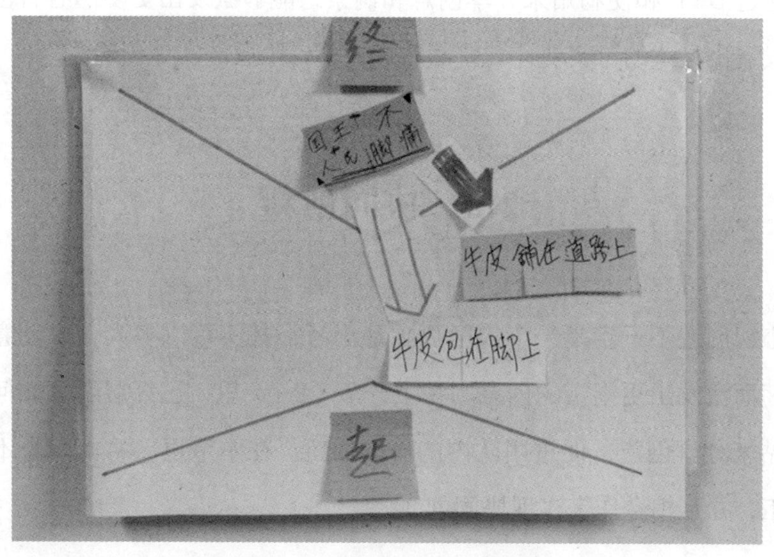

图2-4　从终点开始，寻找起点

第一次的心智创造（心想），通常需要先思考终点目标，确认为达目的应该做什么事。完成心想之后，进入第二次的实体创造（事成），则需要拟定实践方法，确定如何安排具体时间、实质材料和作业顺序。这时，学生也可以表达出从起点通往终点之详细路径。如图 2-5 所示。

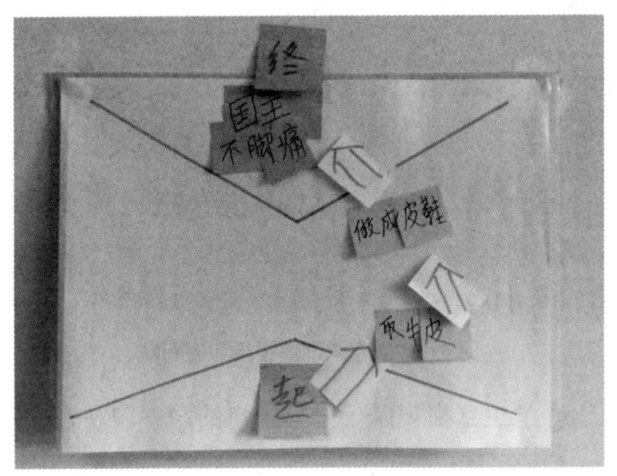

图2-5 从起点开始，推展到终点

通过 DTF 和便利贴来分享创意和洞察，能够激发出更多的心智创造，以及发展出具体的可实现计划，然后进入第二阶段的实体创造。

2.2 协同创新

心智创造不一定是一个人很孤独地思考，其实可以多人分享创意、互相激荡而激发出更丰富的创意。在上一节（2.1）里，已经展示了如何使用便利贴来分享创意，促进团队内的协同创新。在本节里，将由两个不同角色分工，并互相合作来实现协同创新。

2.2.1 把“协同创新”视为终点

美国大文豪亨利・戴维・梭罗（Henry David Thoreau）曾经说过：如果你已经建好了空中楼阁，那么也无须毁弃它们，它们本来就应该在那里。

现在，在它们下面建造地基吧！（If you have built castles in the air, there is no need to destroy them, they would have been there. Now, build the foundations under them！）

于是，我们可以发现有两个明显不同的角色——“空中楼阁”和“打造基地”，两者之间的协同创新，将产生非常好的创新效果。现在，就拿来海报纸，写上“探索梦想”“鉴往知来”八个字，如图 2-6 所示。

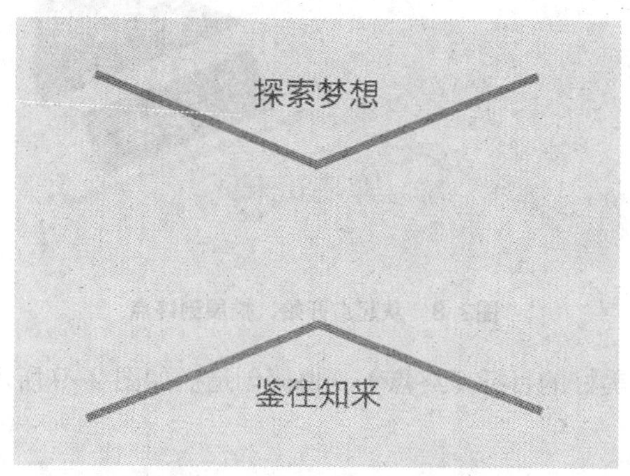

图2-6　从起点开始，推展到终点

接着，拿起写好的便利贴，贴在海报纸上，如图 2-7 所示。

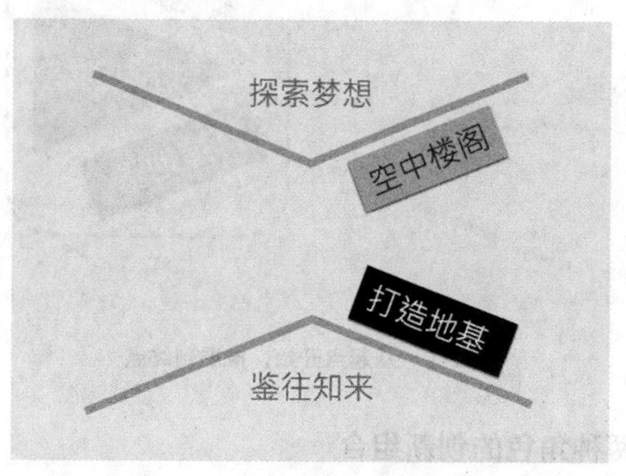

图2-7　从起点开始，推展到终点

现在，就让两者协同合作，共同推展第一次的心智创造，当然也可以合作推展第二次的实体创造，如图 2-8 所示。

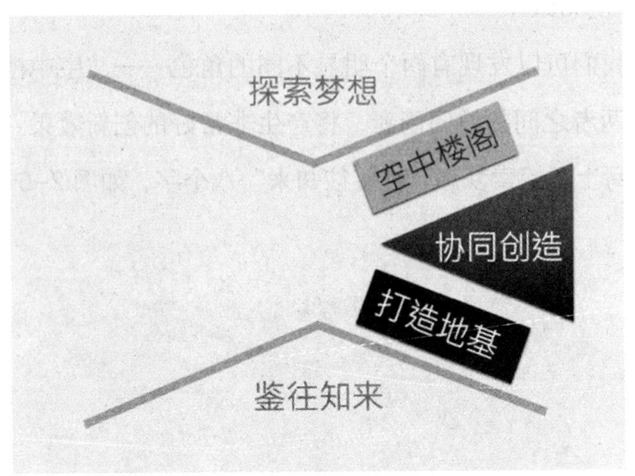

图2-8　从起点开始，推展到终点

这是一个美好的目标（终点）：协同创造。如图 2-9 所示。

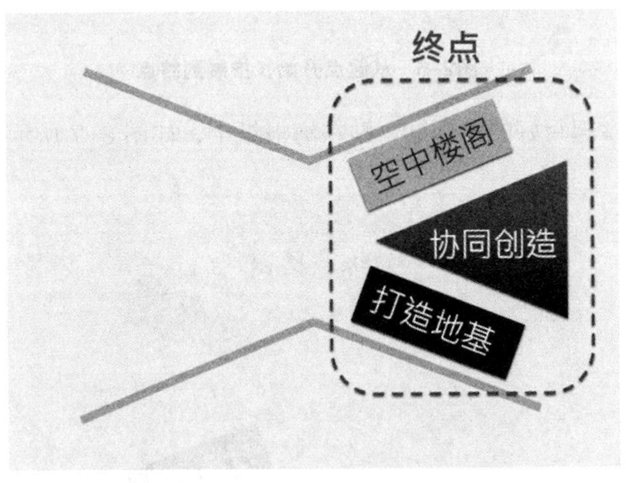

图2-9　从起点开始，推展到终点

2.2.2 两种角色的创新组合

于是，高焕堂在 2017 年北京大学的一场演讲会和 2018 年中国国际软件和信息服务交易会上，都提出了上述两种角色协同创新的模式，如图 2-10 所示。

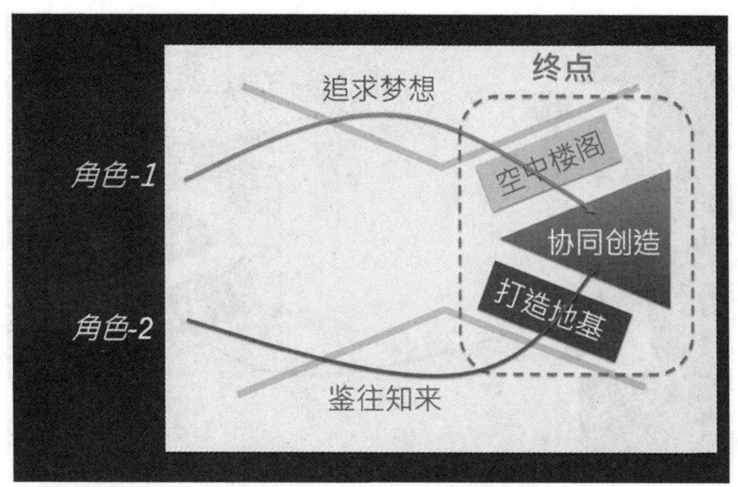

图2-10　从起开始，推展到终点

无论是教师还是学生，只要将这两种角色映射到现实环境，就能发现形形色色协同创新的角色组合。例如，有些学生会发现这样的组合，如图 2-11 所示。

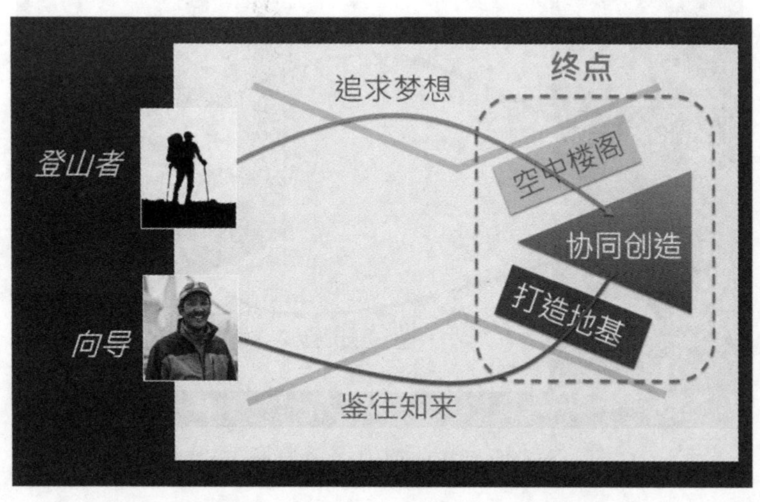

图2-11　登山者/夏尔巴人协同模式（详见章节7.2）

教师可以引导学生发挥想象力，联想到更多可能的组合，包括人与神鹰的组合，如图 2-12 所示。

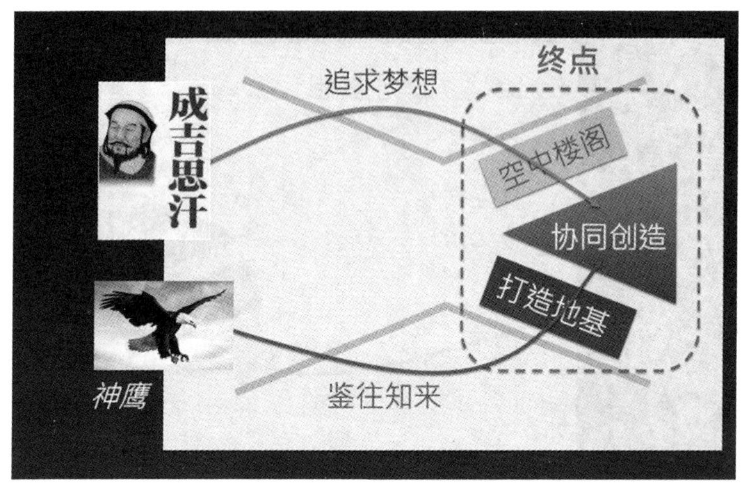

图2-12 从起点开始，推展到终点

教师继续引导学生联想到更多可能的组合，包括 AI 机器与 AI 机器之间的组合，如图 2-13 所示。

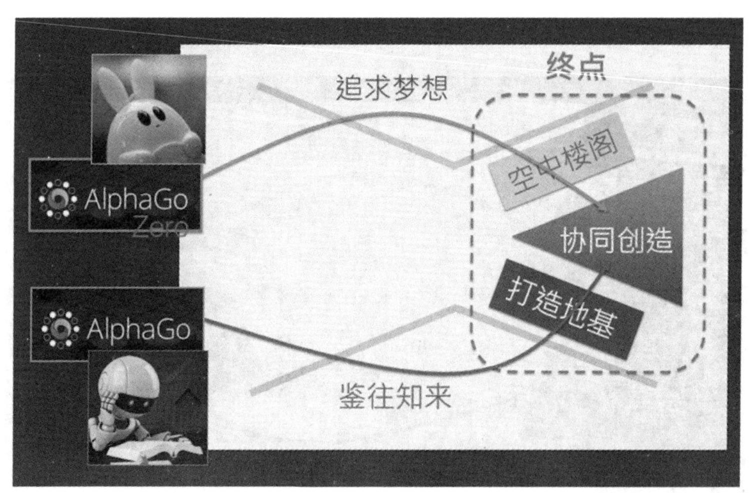

图2-13 从起点开始，推展到终点

关于这部分，在本书的章节 8.2 里有更深入的探讨。

2.3　迎接AI时代：人机协同创新

在上一节（2.2）里，我们看到了成吉思汗与神鹰之间的协同创新（图 2-12）。于是，有些学生很快就联想到，做个 AI 机器来扮演神鹰的角色，称为 AI 神鹰，如图 2-14 所示。

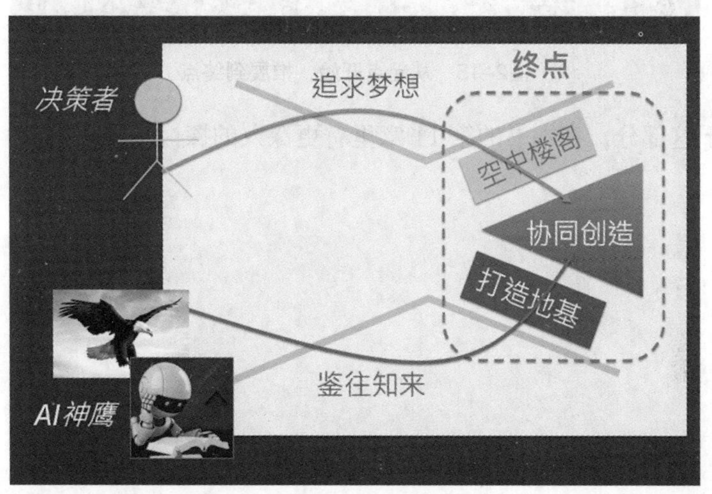

图2-14　从起点开始，推展到终点

此外，在上一节（2.2）里，我们看到了 AI 机器与 AI 机器之间的协同创新（图 2-13）。然而，在 AI 科技不断发展的潮流下，这些协同合作模式也有望扩展为人机之间的协同合作或创新。

例如，由 AI 机器来扮演“鉴赏者”的角色。也就是，让人类学生来学习创作，由 AI 机器来评鉴与指导，形成由 AI 机器来教人类创新的情境，如图 2-15 所示。

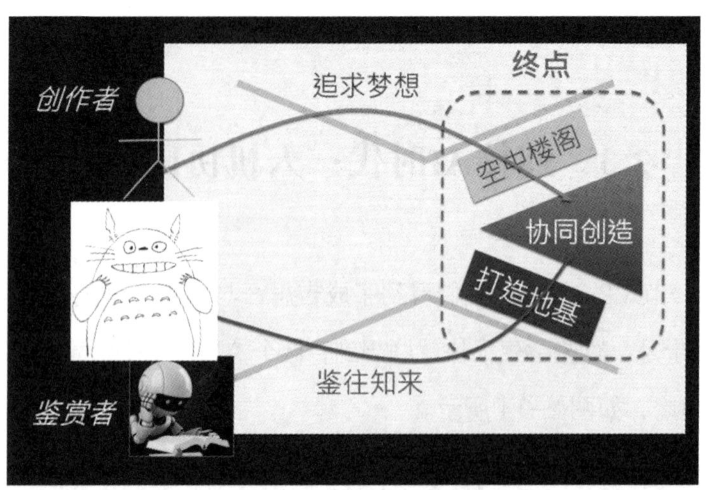

图2-15　从起点开始，推展到终点

关于这部分，在本书的第 11 章里有更深入的探讨。

第 3 章

心智创造的习惯：以终为始

★ 3.1 达·芬奇说：先考虑终点

★ 3.2 中西融合：想象美好的愿景，照进现实

★ 3.3 团队演练：以便利贴呈现未来的真实，分享洞察

本章基于史蒂芬·柯维（Stephen Covey）对两次创造的论述，结合达·芬奇的创新步骤，介绍一项心智创造的重要习惯——以终为始。然后以两项演练来让学生亲自领悟，并逐渐养成这种优良的习惯。第一项是个人的演练：在语文作文课里，力求让传统的“起承转合”和“以终为始”两者完美融合。第二项是团队演练：团队里的成员，利用便利贴来表达自己对终点的设想，然后互相交流，互相激荡，产生更多的联想和创意。

3.1　达·芬奇说：先考虑终点

3.1.1 想象终点，寻觅起点

第 2 章介绍了史蒂芬·柯维的观点，即所有事物都是经过“两次创造”，我们会先在心中构思（心智创造），然后再付诸实施（实体创造）。

以建造一栋高楼大厦为例，在拿起材料和工具开始建造之前，建筑师必须先在脑海中构思每一个环节，绘制出详尽的蓝图。有了设计图，然后确定施工计划，再按部就班地准备实质材料，最终才能建造完成一栋大楼。

刚才提到了，所有事物都经过两次创造，我们先是在脑海里构思，其次才进行实体的创造。换句话说，就是想清楚了终点（目标），然后寻找起点和方法，并努力实现之，这俗称为以终为始（Begin with the end in mind）。只有做到“以终为始”，才能在迈向追求目标的过程中，避免误入歧途，白费工夫。

3.1.2 找出从起点到达终点的路径

大家可以参考迈克尔·盖尔布（Michael Gelb）所写的一本书《7 Brains》。他在书中提到，达·芬奇经常写下“务必彻彻底底想清楚（Think well to the end）”和“先考虑终点（Consider the end first）”。如图 3-1 所示。

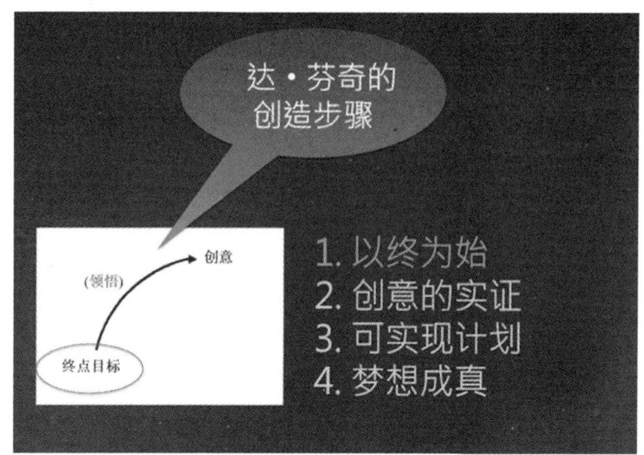

图3-1 先考虑终点

通俗地说，“以终为始”就是将未来真实的美好景象，作为当下创新的起点。如果我们能洞察这一点，并以未来美好情境为起点来努力实践，经过时间的酝酿，一定会让更多创意梦想成真。如图 3-2 所示。

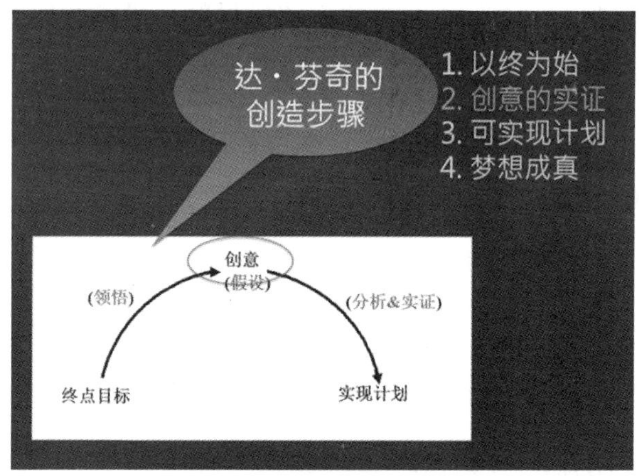

图3-2 想象未来可能的真实

设想（Imaging）未来的目标，将激发人的大跨度联想力，再把不同的东西重新联结和组合，从而产生源源不绝的创意。然而，并不是所有的创意都能从终点出发，寻觅到起点，设计出可行方法。所以要对创意进行分析，力求通过实证或否证来进行检验。这个过程称为创意的实证。

以上是第一阶段——心智创造部分。从终点出发，寻觅到起点，设计出方法，并基于现实来检验，进行对这项创意的实证或否证。其中，最典型的模式是，通过动手设计出原型（Prototype）来呈现最终的结果，以及关键性的实践要点。

接下来进入第二阶段——实体创造部分。从拟定一个可执行、可实现的方案出发，如图 3-3 所示。

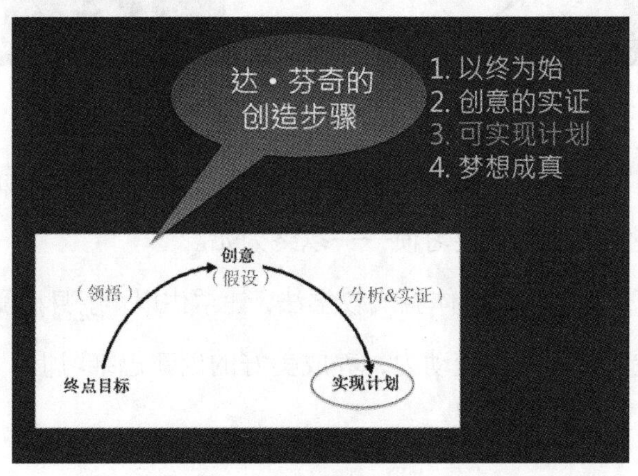

图3-3　拟定可实现的计划

通常由实践团队，基于第一阶段的成果，细心映射（Mapping）到现实条件，努力找出一条从愿景（即终点）映射到现实的一条连线（Mapping from vision to reality），让整个团队成员皆能依循这条线而顺利迈向终点，亦即实现梦想（即愿景），于是梦想成真了。如图 3-4 所示。

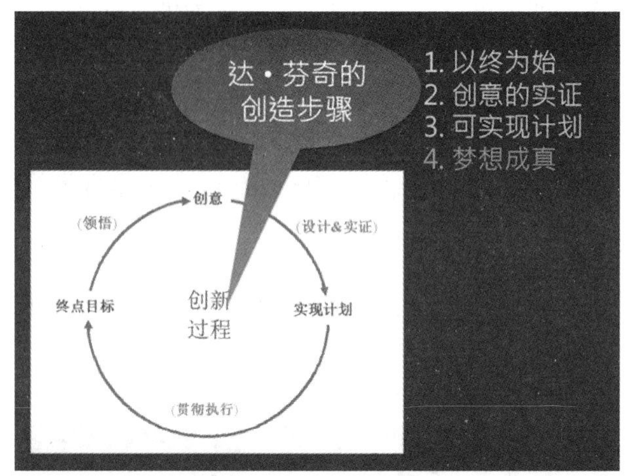

图3–4 贯彻执行，梦想成真

以上是基于史蒂芬·柯维对两次创造的论述，结合达·芬奇的创新步骤，介绍了一项心智创造的重要习惯——以终为始。

从下一节开始，将借由体验式教学法，让学生以“亲身感受、自己领悟”的方式，创造出最大的改变动力，养成美好的创新思维习惯。

3.2 中西融合：想象美好的愿景，照进现实

3.2.1 从作文的“起承转合”说起

想象力（联想力）是创新技能的基础，让右脑想象力带动左脑逻辑思维来对想象情境进行修剪（又称剪枝）动作，这就是所谓的全脑思考。它能逐渐激发学生澎湃的创造力，这是一种创新学习的途径。关于全脑思考，前面已经提到了，大家公认最典型的聪明人物就是达·芬奇。他说：从头到尾都要充分考虑，从终点开始思考。简而言之，就是“以终为始”的思维习惯。培养学生的思维习惯，力求“以终为始”地思考事情，这蕴含了

一个复杂的创新学习过程。

例如，在学习作文时，许多教师教导学生依循“起、承、转、合”的思维模式来搭建文章结构，但许多学生并不知道如何寻找文章的起点。这时，教师可以引导学生采用“以终为始”的思维方式，像达·芬奇一样先想象（考虑）终点，然后从终点慢慢思考，逐渐往回推理，探索到起点。

仔细回顾教师教导学生依循“起、承、转、合”的作文模式，通常是拿既有的知识（包括古贤人的知识）作为起点，而后推演到结论。有时候，为了表现自己所提出见解的价值，刻意以现实的不完美作为思考的起点（同时也是写作的起点）。此时，思考的起点与写作的起点是一致的，然后边想边写，一步一个脚印地推演到终点。如图 3-5 所示。

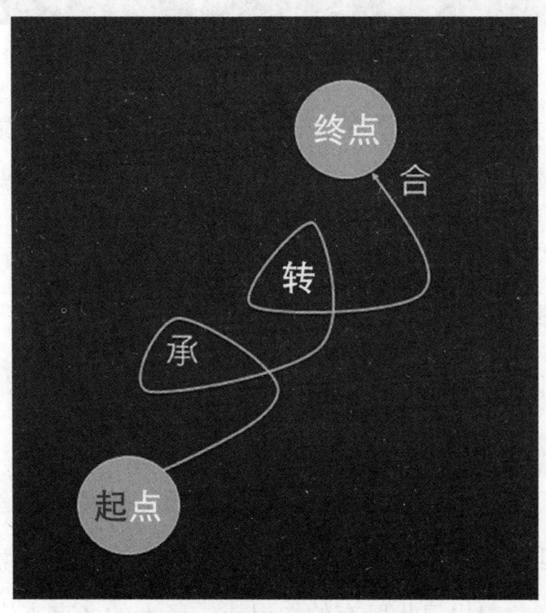

图3-5　“起承转合”的模式

由于是从既有的知识或不完美的现实出发，不依赖右脑想象力的设想（终点）来带动，终点往往是模糊的；而主要依赖左脑逻辑思维来推导，会因推导过程的假设而决定结论，产生多个可能的终点。如图 3-6 所示。

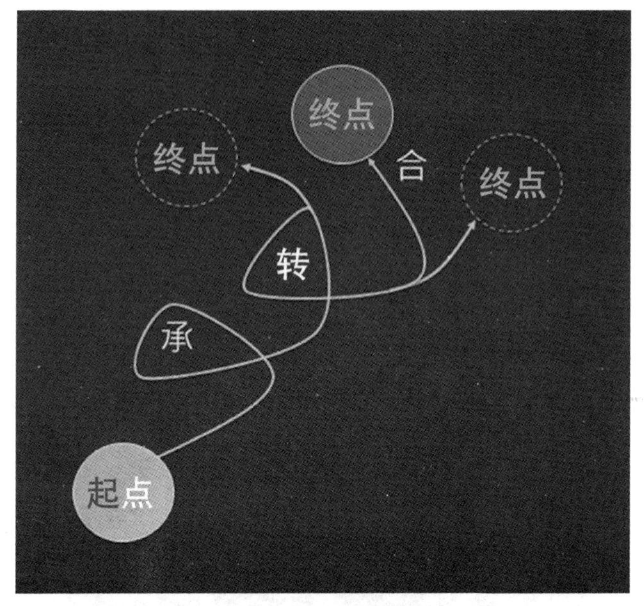

图3-6　“起承转合”的模式：终点是模糊的

这样步步为营、边想边作的模式，不能完全释放学生澎湃的创造力，因为它是以左脑逻辑推理为主的思考方式，并不是以右脑为主，并引领左脑逐步地全脑思考。

3.2.2 发挥“以终为始”的习惯

教师可以引导学生将“心想（构思）”与“事成（书写）”分开，先心想，然后才事成。第一阶段的心想（即心智创造），是以终为始，先考虑终点，然后逆向推演、探索出起点。第二阶段的事成（即实体创造），则是从起点正向展开，延伸到终点。学生利用右脑来想象终点的情境，而起点可以保持模糊，不必急着去寻找既有的知识或古贤人的名言来作为起点。如图3-7所示。

图3–7　“起承转合”的模式

教师尽量引导学生将终点想得很清晰，并能将终点情境描绘得栩栩如生。接着，寻找看看有哪些中间点可以通往终点，并把这些中间点描绘出来，如图 3–8 所示。

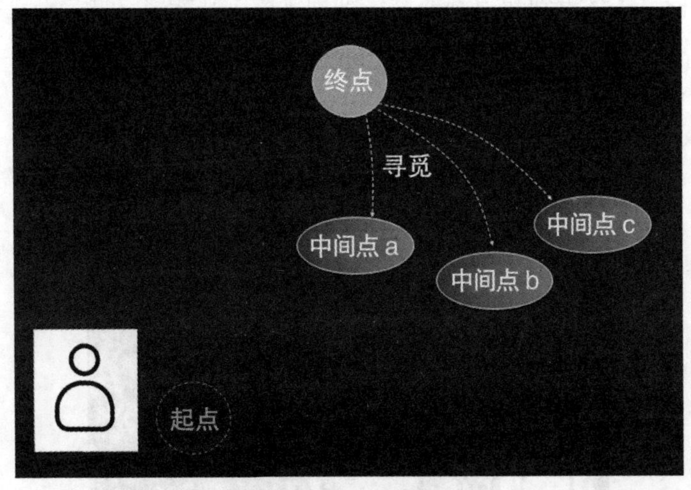

图3–8　从终点出发

通常能找出许多个中间点。接着，教师陪伴学生进行去芜存菁，也就是删除明显不理想的中间点，包括在现实条件中无法达到的中间点，如必须花费巨资才能实现的中间点，就将其删除。如图 3-9 所示。

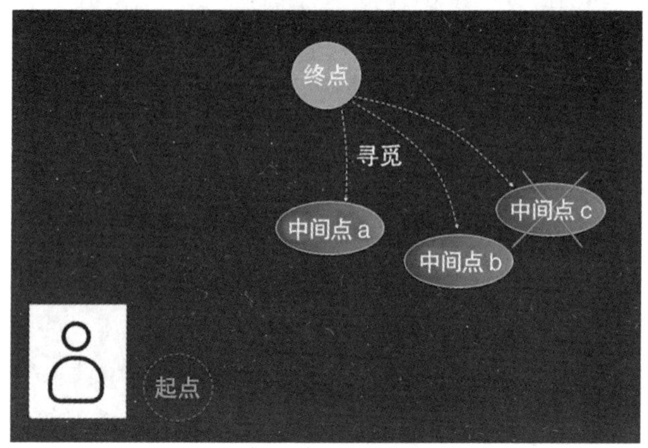

图3-9　去芜存菁

如果觉得距离起点还有些遥远，就从这些中间点继续逆向推理，寻找更接近起点的中间点，并且进行去芜存菁。这样不断循环下去，一直到极为贴近现实情境的出发点，就探索到“起点”了。这就像一位攀岩者，眼睛盯着目标，从终点到起点都非常仔细地观察，并能将这些岩石连接起来，如图 3-10 所示。

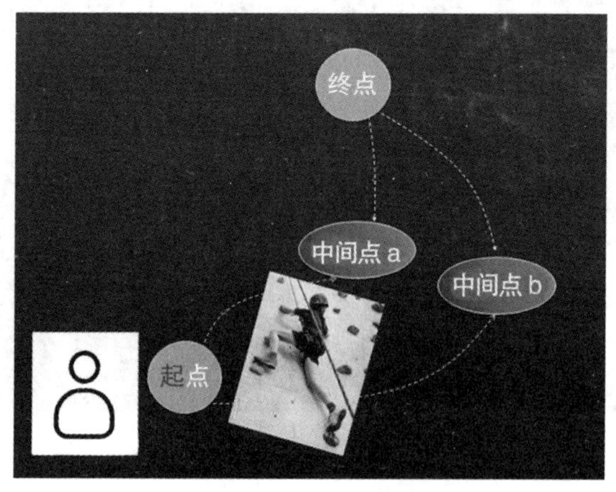

图3-10　像攀岩者一样寻觅通往终点的路径

一旦从终点找到了起点，“心想”阶段就完成了。这个过程就是达·芬奇所说的：从头到尾都要充分考虑，从终点开始思考。于是，从起点迈向终点的路径就显现出来了。如图 3-11 所示。

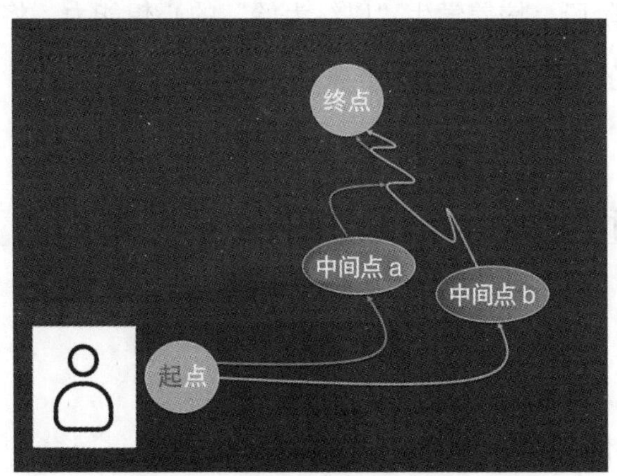

图3-11 从起点迈向终点的路径

由于各人想象的终点各异，寻找过程的判断也不尽相同，其探索到的起点也各不相同，因而人人从起点迈向终点的路径也不尽相同。甚至只要自己改变了终点，也会改变起点及迈向终点的路径。这项过程就需要由右脑想象力来带动左脑逻辑判断，也就是全脑思考。如图 3-12 所示。

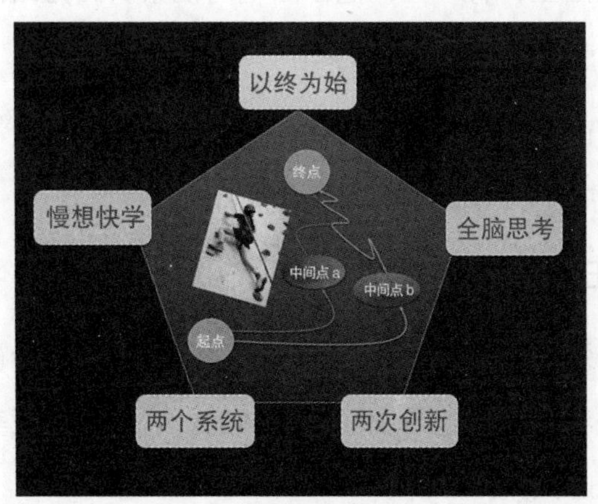

图3-12 全脑思考的习惯

简而言之，以作文为例，当教师在教学生“起承转合”时，也要引导他们去思考如何寻找自己的起点，此时可提醒他们用“以终为始”的思维方式来寻觅起点，就能启动一个全脑思考的学习途径。

在中小学阶段，培养学生“以终为始”的心想能力，将非常有助于提升学生对事物的第一次创新力，并带动第二次创造力。

3.3 团队演练：以便利贴呈现未来的真实，分享洞察

3.3.1 实际演练一番

以上两节介绍了“以终为始”的创新思维方式，以及“从愿景照进现实”的检验方法。在本节里，就引领学生来动脑创想，并借由便利贴来与其他学生分享自己的洞察，演练一番“以终为始”的美好思维方式。

3.3.2 一位国王的故事

古代有一位国王，有一天，他在国境内视察，因为路面崎岖不平，还有很多碎石头，刺得他的脚又痛又麻。

回到王宫后，他下了一道命令，要将国内所有的道路都铺上一层牛皮，让他自己和全国的人走路不再受刺痛之苦。

3.3.3 国王的愿景

这是一位很爱民的国王，他不仅仅希望自己的脚不会被石头刺痛，更希望全国的人民都能走在道路上而不会脚痛。这就是国王美好的梦想，也就是愿景（Vision）。

3.3.4 准备海报纸和便利贴

现在，教师把准备好的海报纸贴在墙壁上，并贴上便利贴，标示上方是终点，而下方是起点，如图 3-13 所示。

图3-13　起点与终点

3.3.5 贴上（国王的）愿景

然后，教师问学生：国王的愿景是什么呢？学生回答：国王希望他和全国人民走在道路上脚都不会被石头刺痛。于是，就由学生将这愿景写在便利贴上，然后贴到海报纸上。如图 3-14 所示。

图3-14　贴上愿景

此时，这愿景是国王给的，不是教师和学生自己提出的。于是，海报纸上终点区的便利贴表达了国王的愿景：国王和人民不脚痛。如图 3-15 所示。

图3-15　终点（愿景）出现

3.3.6 分享（学生的）洞察

接着，教师提出一个问题：有什么途径可以达成国王的愿景呢？学生在脑海里设想着未来的真实：人人走在道路上都不会脚痛。然后探索出可能的途径。例如，有一位学生走到海报纸前面，贴上了便利贴，表达了他的创意想法：把所有的道路都铺上一层牛皮，国王和所有的人民走在牛皮上都不会脚痛了。如图 3-16 所示。

图3-16　探索可能的途径

虽然这个终点（愿景）不是学生自己提出的，而是国王给的。但是，这个通往终点的路径（解决方法）则是学生自己想象、自主创造出来，自己走到海报纸前面，贴上便利贴表达出自己的想法：把牛皮铺在道路上。如图 3-17 所示。

图3-17　贴上便利贴，表达想法

每一位学生都有一个活泼的头脑，可以互相观摩、鼓励和激荡，而激发出更别出心裁的想法。例如，另外一位学生也自主地走到海报纸前，把想法写在便利贴上，并贴上去。如图 3-18 所示。

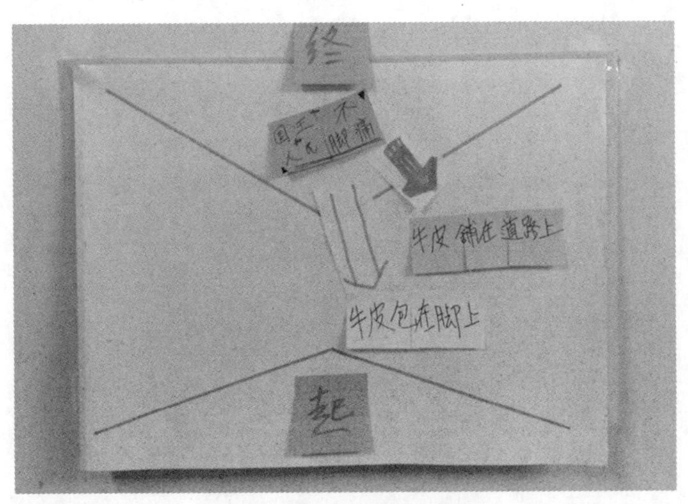

图3-18　其他学生分享想法

至于这两位学生是如何想出他们自己的方案的，并不太重要，教师也不必去指导他们。只要引导学生互相观摩、分享各自的洞察和联想就可以了。同时鼓励学生乐于想象，把想法分享于海报纸上。例如，在海报纸上贴上自己的方案：把牛皮包在国王和人民的脚上。如图 3-19 所示。

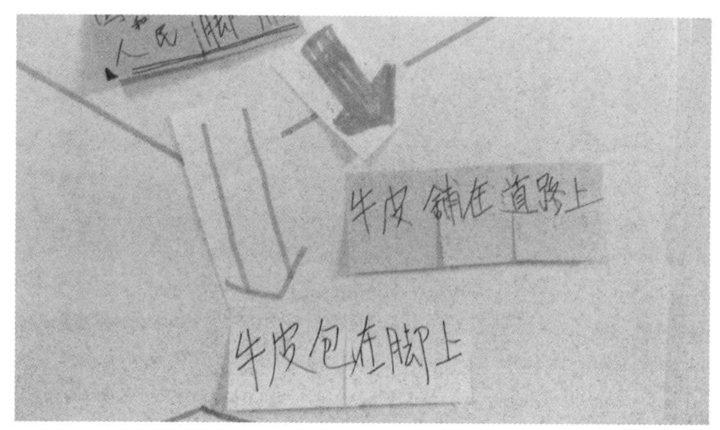

图3-19　在海报纸上贴上方案

教师继续引导学生去联想和畅想，并乐于分享自己的洞察和创新。例如，又有一位学生走到海报纸前，很高兴地贴上了自己的方案。如图 3-20 所示。

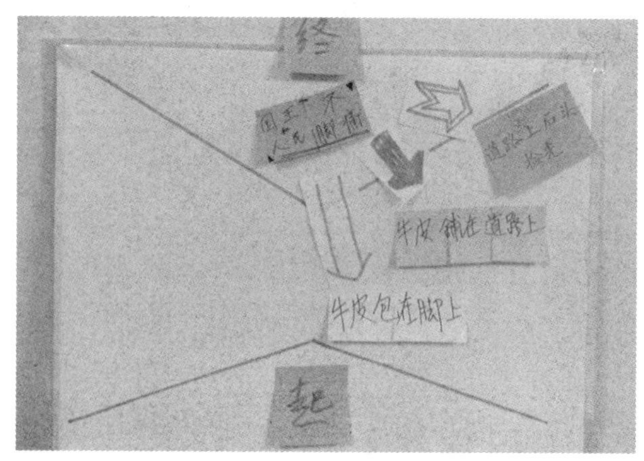

图3-20　继续分享想法

此时，包括学生自己都觉得莫名其妙的想法，也都是很受欢迎的。逐渐地，学生更加乐意走到海报纸前，贴上自己的方案：把道路上的石头捡光。如图 3-21 所示。

图3-21　把道路上的石头捡光

在进行上述的畅想时，鼓励学生不必太早去想自己的方案是否合理，是否可行，尽情地发想、联想、畅想与分享即可。

3.3.7 （从愿景）照进现实

当学生都充分地畅想和分享各自的洞察之后，教师开始引导学生一起来检视这些想法（方案），看看这些方案是否能连接到既有的现实条件上。例如，针对“把牛皮包在国王和全国人民的脚上”这项构想，教师引导学生去寻找现实条件，结果有一位学生提出了疑问：全国人民人数太多了，即使把全国的牛都杀了，也没有足够的牛皮呀。这位学生走到海报纸前，贴上写着问题的便利贴，如图 3-22 所示。

图3-22　从愿景映射到现实

这位学生把这项方案（不一定是自己提出的）对照到现实条件上的过程，通称为从愿景映射到现实（Mapping from vision to reality）。这也引起另一位学生联想到，另一个方案（即牛皮铺在道路上）也有一样的疑问：全国的道路太多了，即使把全国的牛都杀了，也没有足够的牛皮来铺满这些道路呀。这位学生走到海报纸前，贴上写着问题的便利贴，如图 3-23 所示。

图3-23　引发联想

看起来，蛮令人沮丧的，前两个方案都与现实条件不符合，无法流畅地“从愿景照进现实”。至于第三个方案（即把道路上的石头捡光），虽然要花费不少人力，但是全国人民很多，还是符合现实条件的，所以没有人表示疑问。

这时候，有一位来自乡村的学生，他根据自己过去在乡村长大的经验，回忆到自己小时候也是天天赤脚走路，但从来都没有“走路会脚痛”的困扰，反而觉得好像走在石头路上按摩得两脚都非常舒服。

3.3.8 修正（国王的）愿景

刚才的洞察引起了大家的注意，这项（国王的）愿景似乎不太符合现实情况，难怪不容易照进现实。原来是国王以为全国的人民都和他一样，走在乡村的道路上人人都会脚痛。他并没有了解到，其实大多数人民已经很习惯于石头道路了，并没有脚痛的困扰。于是，教师和学生就修正了（国王的）愿景。

由于对问题（脚痛）有了新的洞察，这改变了人人脑海里对愿景的设想，所以在海报纸的终点区里，重新贴上新的愿景：国王不脚痛。如图 3-24 所示。

图3-24　重新审视愿景

基于新的愿景，学生就可以重新审视原来所提出的各项方案，再重新检验，力求照进现实。

3.3.9 重新检验方案，再照进现实

学生再度发挥其想象力，设想新的愿景，重新想象、提出（或更新）和分享各种可能的途径（方案）。例如，有一位学生走到海报前，贴上“国王的”三个字，分享了新的方案：把牛皮包在国王的脚上。如图 3-25 所示。

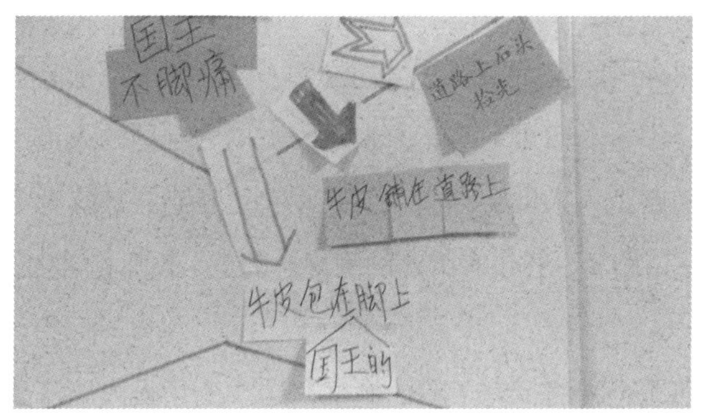

图3-25　分享新的方案

这时，有几位学生已经开始欢呼了，因为他们发现这个修正的新方案很容易就照进现实了。只需要从一头牛身上拿来两块皮，包在国王的双脚上，国王走在任何道路上都不会脚痛了，这比起另两个方案省时又省力。

于是，我们完成了心智创造（即第一次创造）的过程，演练了一次“从愿景照进现实”的方法，完成了以终为始的思维方式练习。如图 3-26 所示。

图3–26　完成心智创造

3.3.10 拟定可实现的计划

经过刚才的洞察问题、设想愿景、畅想方案和照进现实的互相激荡、分享创意的过程，我们一起探索出了一条“从起点通往终点”的路径。如图 3–27 所示。

图3–27　从起点到终点

这样就可以衔接到实体创造（即第二次创造）阶段，再开始拟定一个详细的实践计划。

3.3.11 两次创造：发明了皮鞋

通过国王与皮鞋的故事，教师引领学生，利用便利贴来分享、洞察和激荡新创意，再衔接到后续的实体创造活动，最终发明了皮鞋。

心智创造是人人都具有的天赋，只要有更个性化的教育环境，就能激发出学生自主创造、乐于分享的自信和热情。

第 4 章

创意也要接地气：去芜存菁

上一章让大家演练了“以终为始”的创新思维方式。从终点的设想，到创意性畅想，再逐渐连接到起点。这个过程中，有一项必要的步骤就是去芜存菁。如果创意性畅想是加法，那么去芜存菁就是减法了。就像小朋友常常到野外去放风筝，其风筝愈飞愈高，是加法；而人们拉住它的一根线，则是减法。唯有有效地做减法，才敢大胆去做加法。同样地，唯有有效地去芜存菁，才敢大胆设想终点，更有信心创新方法，再连接到起点。

4.1　创意也要接地气

4.1.1 创意与限制的平衡

以终为始的思维习惯带着我们的梦想高飞，就像放风筝一样，风筝在空中优雅地飞翔，令人心旷神怡。然而，人们需要有一根线来拉住它，因为只有取得平衡才能飞得优雅；否则它将成为断线的风筝，会因失去平衡而随风飘去，或摔落下来。

图4-1　风筝的优雅飞翔

所以，谷歌公司前副总玛丽莎·梅耶尔（Marissa Mayer）就提倡：创意爱上限制（Creativity loves constraint）。她说：创新来自愿景与限制的互动（Innovation is born from the interaction between constraint and vision）。也就是说，当愿景（以终为始）与限制（去芜存菁）这两种力量取得平衡时，将释放出最大的创新力量。

限制迫使人们重新审视愿景（Vision），让其从不同观点切入，寻找新事物，同时也让其聚精会神、理清思路，更具有创新性。

4.1.2 达・芬奇创新过程中的“创意的实证”

在第 3 章里，曾经介绍了迈克尔・盖尔布所写的一本书《7 Brains》，他在书中提到，达・芬奇非常重视创意的实证。

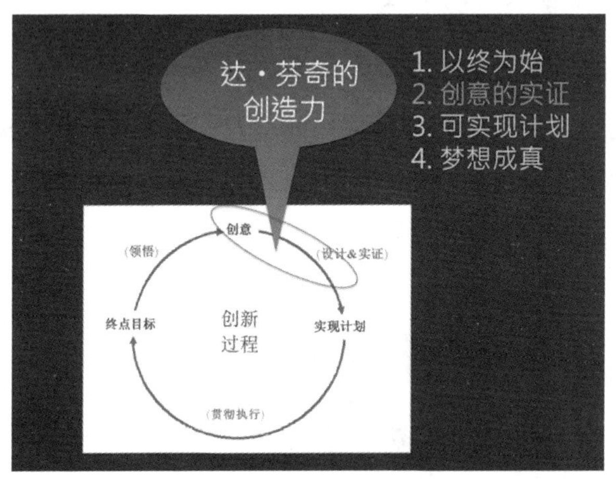

图4–2　创意也要接地气

设想（Imaging）未来的目标，会有豁然开朗的感觉，如同从碉堡迈向广大原野，放眼望去，是无限的边际和美好的未来愿景。但无论是遥远的边际，还是未来的愿景（Vision），都蕴含诸多不确定性，并不是所有的创意都能从终点出发，寻觅到起点，设计出可行方法。所以要对创意进行分析，力求实证或否证，以这样的方式来进行检验。这个步骤称为创意的实证。

以上说明限制可以促进创新，但是限制也可能会扼杀创意。创新是在限制和愿景之间的互动中产生的。

在本章里，就以最常见的互动——对创意进行去芜存菁，来解释这种触发创意的情境，并通过去芜存菁（限制）来降低风险、提升自信、促进创新。

从下一节开始，将通过体验式教学法让学生以“亲身感受、自己领悟”的方式，创造最大的改变动力，养成美好的创新思维习惯，并熟谙去芜存菁的方法，让创意也能接地气。

4.2　去芜存菁的演练：树梢上抓瓢虫

4.2.1 以“树梢上抓瓢虫”为例

假如，有一位学生（小明）家的旁边有三棵椰子树，他常常观测到有一只瓢虫出现，只是不知道它到底住在哪一棵树的树梢上（本例只是假设）。如图 4-3 所示。

图4-3　瓢虫住在哪一棵树的树梢上呢？

于是，我们来创造一个新方法帮小明找出答案吧。

4.2.2 开始展现创意

在第 3 章里，我们已经演练过了“以终为始”的思维方式。在本节里，继续保持这样的好习惯，在海报板上画出终点与起点。如图 4-4 所示。

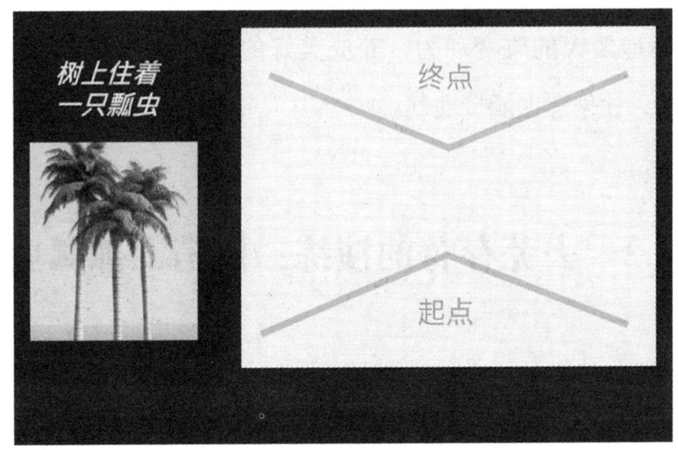

图4-4 依循“以终为始”的思维习惯

先想终点，并且贴上便利贴，写上目标：迅速找到这只瓢虫。如图 4-5 所示。

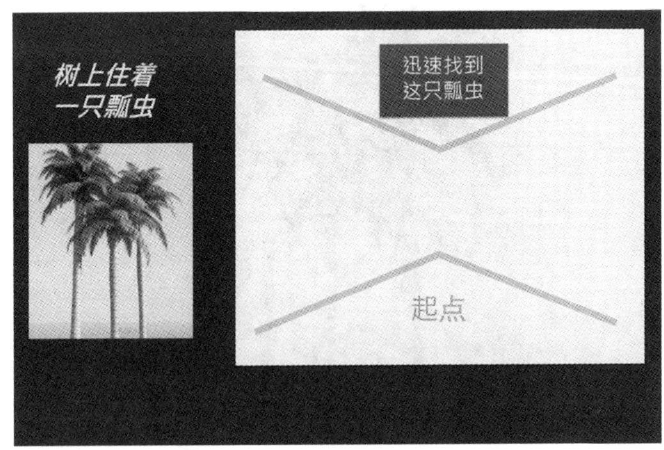

图4-5 从目标（终点）出发

接着，学生就发挥想象力，展开创意，即使是莫名其妙的想法，也都欢迎。

例如，有一位学生贴上了一张便利贴，写着：去芜存菁。如图 4-6 所示。

图4–6　贴上了自己的创意

教师尽量引导学生发挥更丰富的想象力，寻找有哪些途径可以通往终点。例如，学生贴出了更多的想法，与大家分享。如图 4-7 所示。

图4–7　踊跃表达各人的创意

此时，有一位学生贴上“没爱心”的便利贴来表达自己对“喷杀虫剂”

途径的意见。如图 4-8 所示。

图4-8　也可以表达反对意见

如果大家有共识，觉得“喷杀虫剂”方案是不适合的，就可以删除这个方案。如图 4-9 所示。

图4-9　留下还没被删除的方案

接下来，可进一步探索“分而治之”的途径，例如，有学生提出想法，建议对每一棵树逐一观察和探索。如图 4-10 所示。

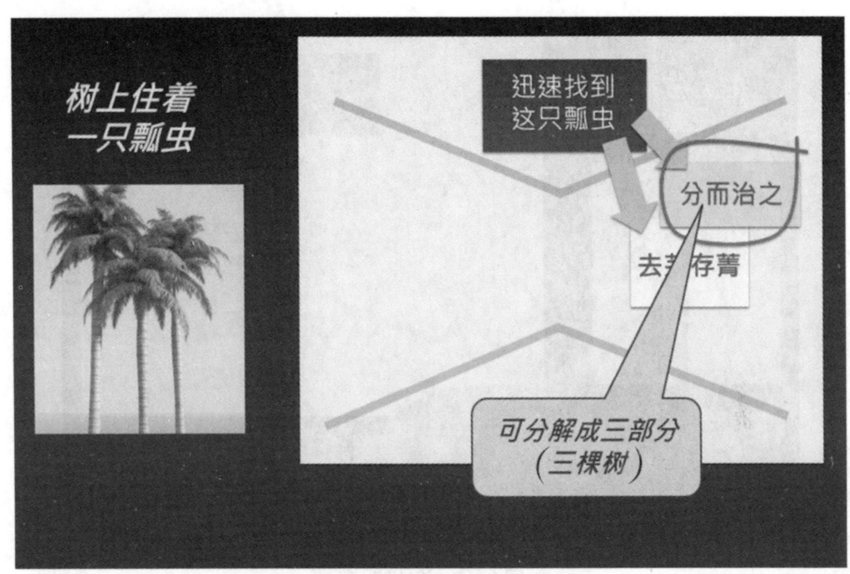

图4-10　从起点迈向终点的路径

于是，大家就对第一棵树进行仔细观察和探索。如图 4-11 所示。

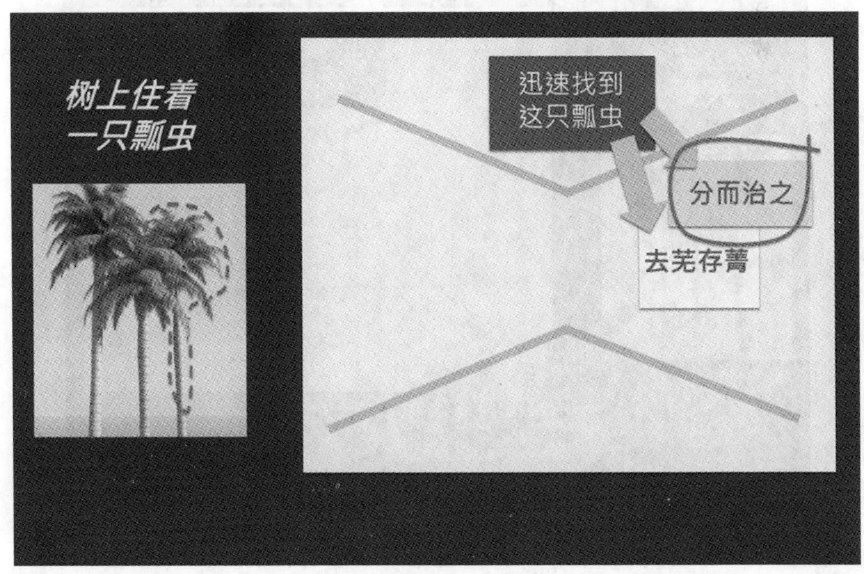

图4-11　逐一地探索

有一位学生观察到：在第一棵树的树干上，许多蚂蚁正跑上跑下。

图4-12 仔细观察

另一位学生去网络上查资料，读到几篇文章写道：瓢虫怕蚂蚁。

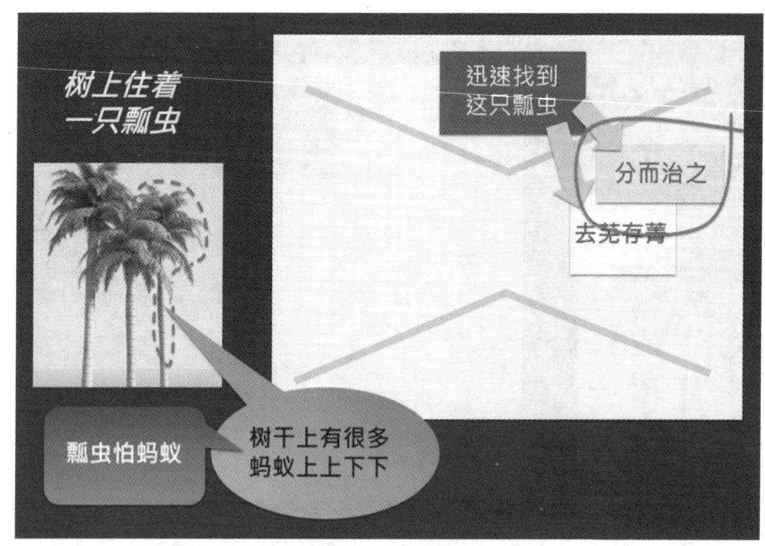

图4-13 探索出更多信息

因此，大家有共识了：瓢虫不会住在第一棵树的树梢上，于是排除瓢虫在第一棵树上的可能性。这就是去芜存菁的步骤。如图 4-14 所示。

图4-14　展开去芜存菁：删除第一棵树的可能性

接着，开始探索第二棵树。有一位学生观察到：在第二棵树上，许多树叶的边缘都枯黄了。如图 4-15 所示。

图4-15　探索出更多信息

他去网络上查资料，发现有一些文章提到了：瓢虫喜欢吃嫩叶。因此，大家有共识了：瓢虫不会住在第二棵树的树梢上。于是排除瓢虫在第二棵树上的可能性。这也是去芜存菁的步骤。如图 4-16 所示。

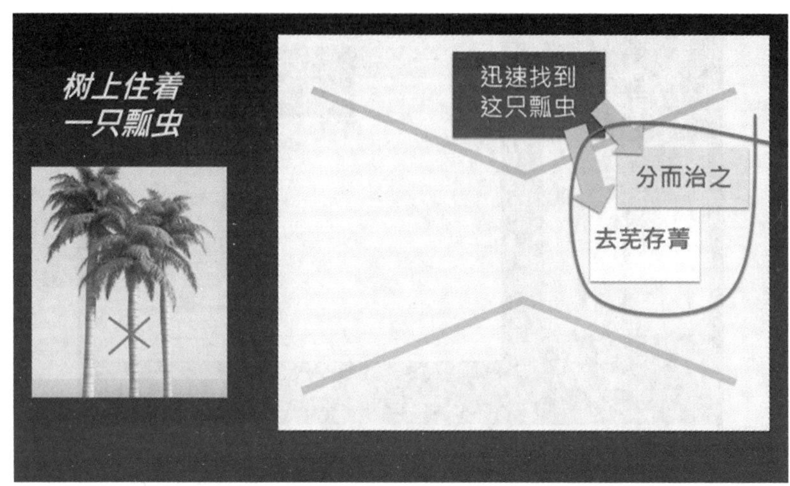

图4-16 展开去芜存菁：删除第二棵树的可能性

接着，开始探索第三棵树。大家都没有发现可以排除它的理由。如图 4-17 所示。

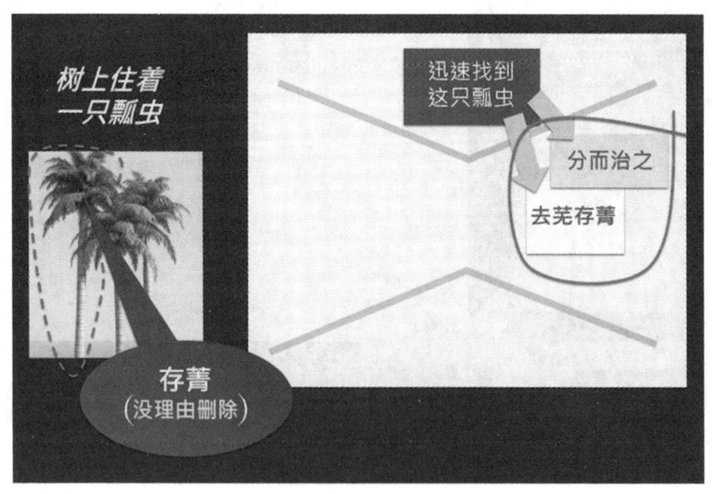

图4-17 没有证据删除第三棵树的可能性

接下来继续对第三棵树进行更细致的探索。我们重新贴上这个阶段的新目标：从这棵树上找到这只瓢虫。如图 4-18 所示。

图4-18　贴上新阶段的目标

此时，大家继续展开新阶段的创意和想象，贴上各种想法和方案。

图4-19　贴上新阶段的创意

依循一样的思维习惯，设想目标（愿景），并且基于实际的细节观察（限制）进行去芜存菁。在愿景与限制之间的互动中，产生无限的创意。

4.3 团队演练：一起来帮诸葛亮解围

4.3.1 诸葛亮的故事

三国时期，诸葛亮屯兵于阳平，魏国派司马懿率军进攻蜀国街亭，诸葛亮把部队都派去防守街亭，只留少数老弱残兵在城中。没想到，魏军大都督司马懿率 15 万大军来进攻。诸葛亮被围困于城内，非常危急。

现在，大家来发挥创意和想象力，帮诸葛亮想办法解围吧。

4.3.2 准备海报纸和便利贴

现在，教师把准备好的海报纸贴在墙壁上，并贴上便利贴，标示上方是终点，而下方是起点，如图 4-20 所示。

图4-20 起点与终点

4.3.3 贴上（诸葛亮的）愿景

然后，教师问学生：诸葛亮的愿景是什么呢？学生回答：诸葛亮希望能顺利解围，不被魏军所败。如图 4-21 所示。

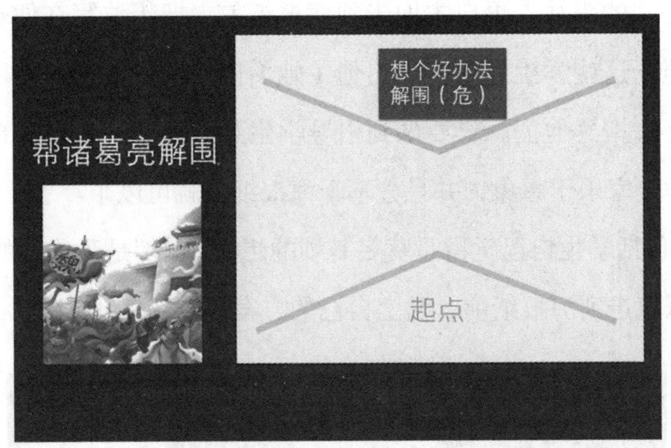

图4-21　诸葛亮的愿景

4.3.4 分享（学生的）洞察

接着，教师提出一个问题：有什么途径可以达成诸葛亮的愿景呢？学生在脑海里设想着未来的真实：诸葛亮希望能顺利解围，不被魏军所败，然后探索可能实现的途径。例如，有一位学生走到海报纸前面，贴上了便利贴，表达了他的创意想法：固守在城内。只要让司马懿知难而退，就可顺利解围。如图 4-22 所示。

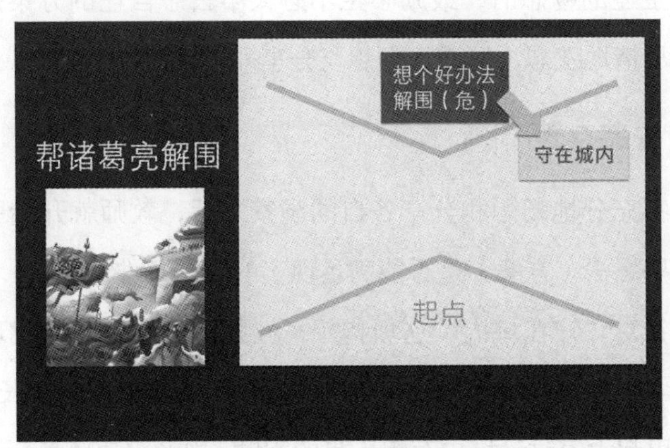

图4-22　固守在城内

每一位学生都有一个活泼的头脑，大家互相观摩、鼓励和激荡，激发出更别出心裁的想法，再自主地走到海报纸前，把想法写在便利贴上，并贴上去。至于这些学生是如何想出他（她）自己的方案的，并不太重要，教师也不必去指导他们。只要做到引导学生互相观摩、分享各自的洞察和联想，鼓励大家乐于想象，并且分享于海报纸上就可以了。

此时，包括学生自己觉得是莫名其妙的想法，也都是受欢迎的。逐渐地，学生更加乐意走到海报纸前，贴上自己的方案。如图 4-23 所示。

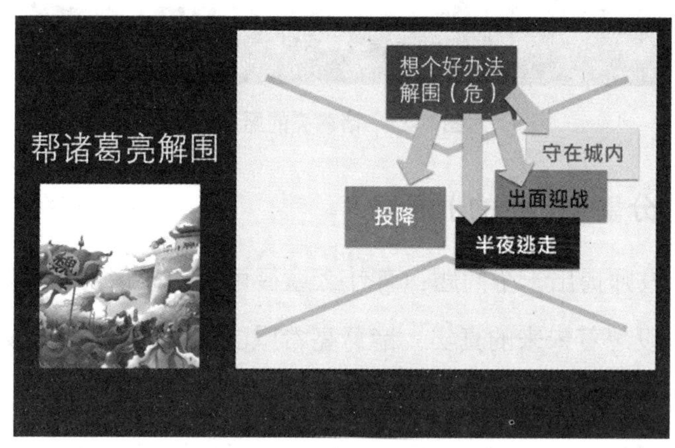

图4-23　贴上不同的方案

在进行上述的畅想时，鼓励学生不必太早去想自己的方案是否合理，是否可行，尽情地发想、联想、畅想与分享即可。

4.3.5 去芜存菁

当学生都充分地畅想和分享各自的洞察之后，教师就开始引导大家一起来检视这些想法（方案）是否能满足现实的限制条件。

例如，针对“守在城内”这项构想，教师引导学生去寻找现实条件，结果有一位学生提出了疑问：城内的存粮不足，司马懿可能会长期围城。

于是，引起大家讨论城内存粮不足的问题。如图 4-24 所示。

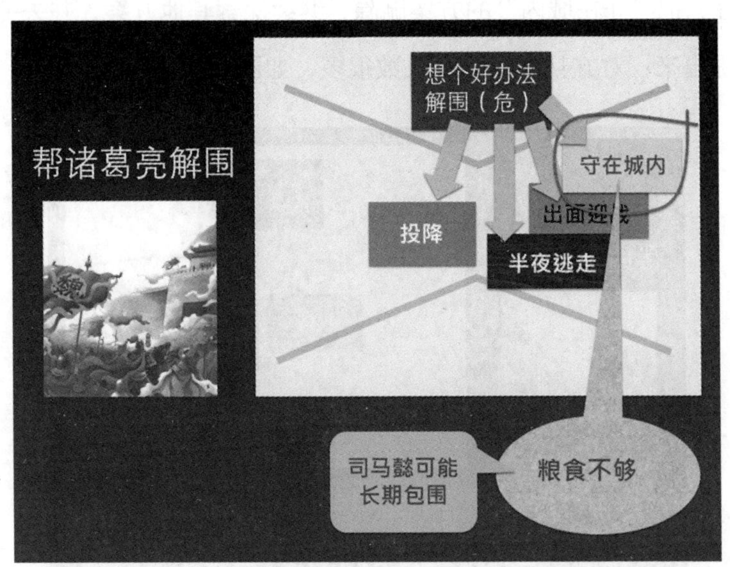

图4-24　存粮不足

于是，大家有了共识，“固守城内”这个方案是不可实现的，把它删除。这个步骤就称为去芜存菁。如图 4-25 所示。

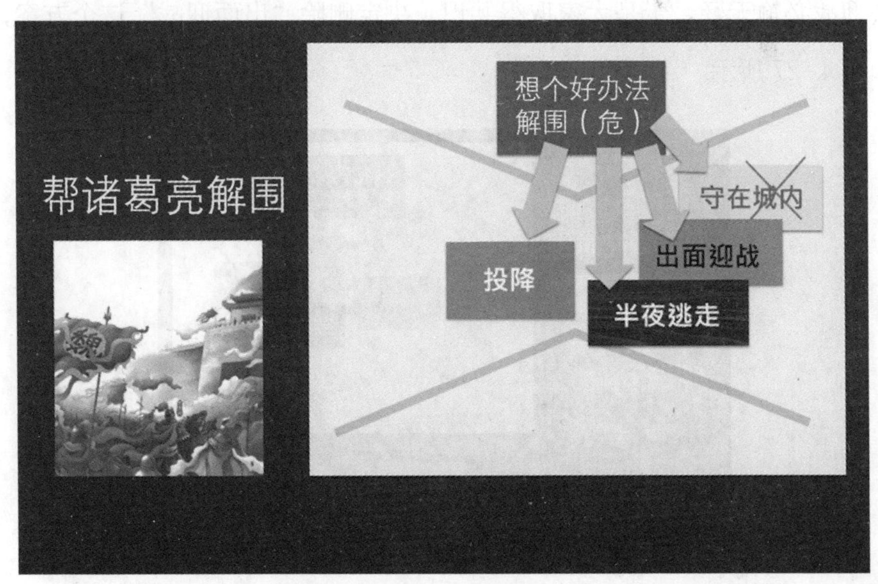

图4-25　去芜存菁

现在，把“守在城内”的方案删除，继续探索其他方案，并去芜存菁。有学生提出来：对方兵力很强，人数很多，如图 4-26 所示。

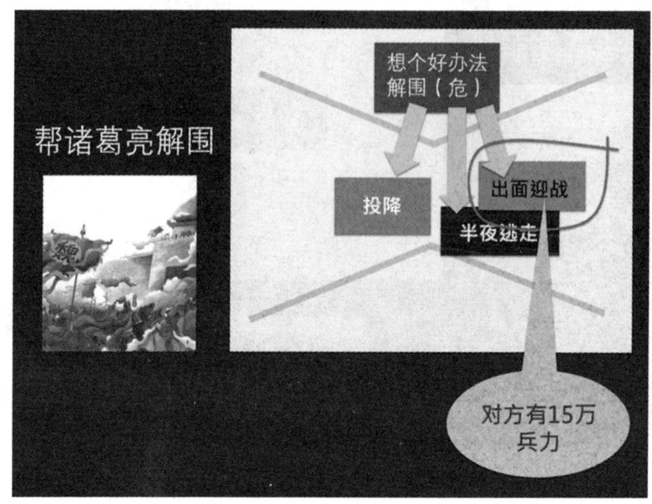

图4-26　提出洞察

此外，考虑到司马懿是一位善战的强将，且对方整体战斗力很强，出去迎战必输无疑。于是大家取得共识，决定删除“出面迎战”这个方案，如图 4-27 所示。

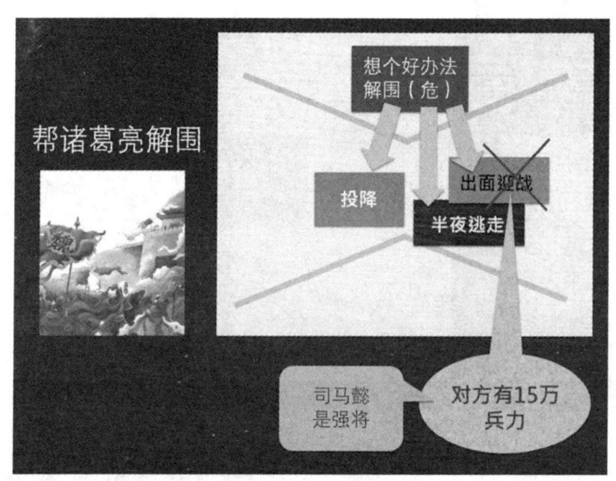

图4-27　去芜存菁

接着，有一位学生提出他的洞察：城的四周已经都被包围了，根本无路可逃。因此又把“半夜逃走”方案删除，如图 4-28 所示。

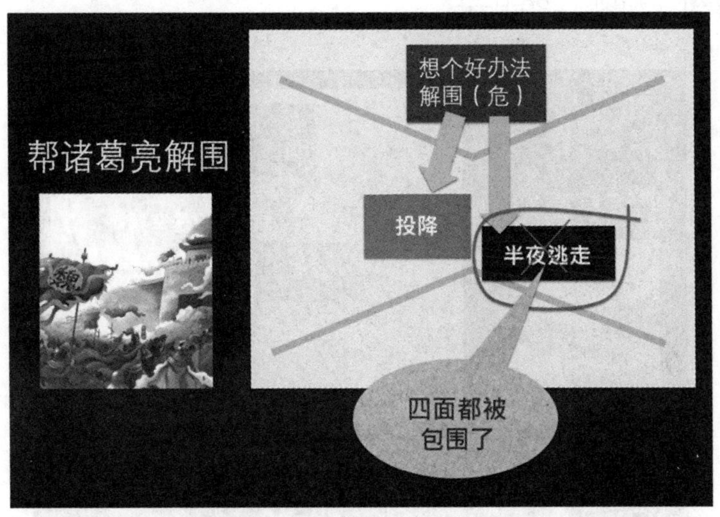

图4-28　删除“半夜逃走”方案

这时候，有一位学生走到海报纸前，贴上一张便利贴，写着“采空城计”。如图 4-29 所示。

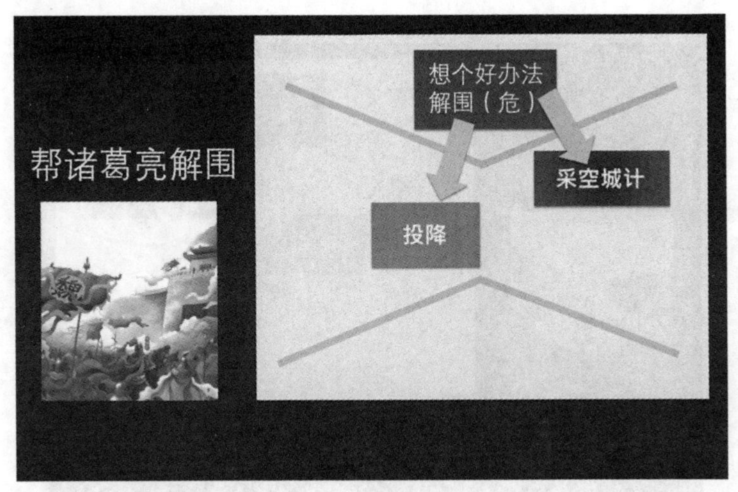

图4-29　提出新方案

基于新的构想（方案），学生就可以仔细洞察，加以检验，力求照进现实。例如，有一位学生发现“采空城计”是有机会实现愿景的，于是分享了他的看法，如图 4-30 所示。

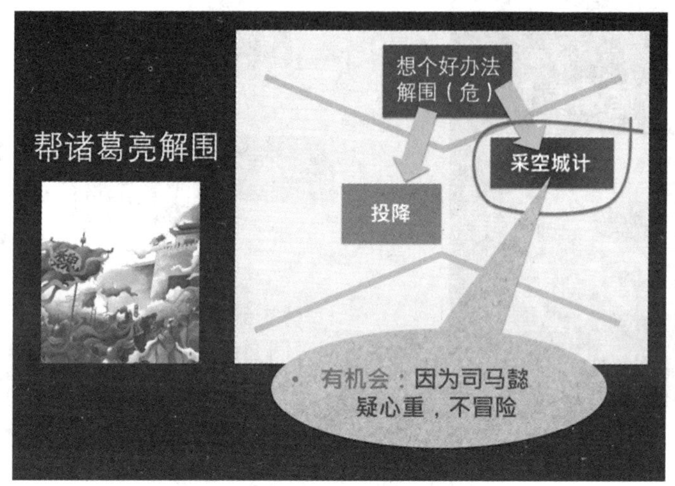

图4-30　进一步分析

因为没有足够的证据排除这个“采空城计”的方案，所以就让学生继续分享洞察和激荡新创意，更深入探索这个方案，如图 4-31 所示。

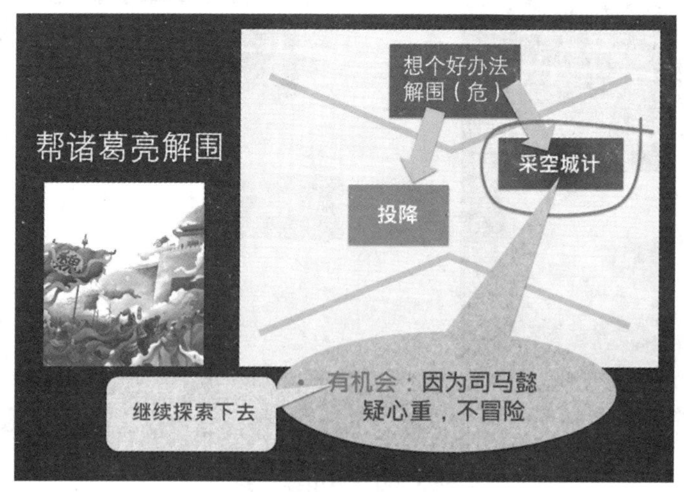

图4-31　继续探索

通过以上的团队演练——让学生们帮诸葛亮解围，展现了个人的心智创造与去芜存菁的过程，深刻体会到诸葛亮空城计之高妙，以高度创意提升了自己沉着应变的智慧。

第 5 章

探索人人未知的新事物：知不知，上

《道德经》七十一章写道：“知不知，上；不知知，病。夫唯病病，是以不病。圣人不病，以其病病，是以不病。”

许多教师都会教学生一些新知识、新事物。其实，教师也可以引导学生去寻找自己所不知道的新事物。于是，学生也能通过自我学习而了解自己、教师和别人都不知道的新事物，这种新事物称为未知事物（Unknown）。

养成以终为始的思维习惯，并力求去芜存菁，就可以发现许多自己（或教师）所未知的事物，这项发现的行动称为知不知（Know Unknown）。这是很多创新的源头，所以老子说：“知不知，上。”其意味着，能够自己去寻找自己所不知道的新事物，是最棒的。

5.1　知不知，上

5.1.1 真正的创新源头

著名的科学家钱学森说：艺术上的修养不仅加深了我对艺术作品中那些诗情画意和人生哲理的深刻理解，也让我学会了艺术上大跨度的宏观形象思维。这些东西对启迪一个人在科学上的创新是很重要的。

科学上的创新光靠严密的逻辑思维不行，创新的思想往往开始于形象思维，从大跨度的联想中得到启迪，然后用严密的逻辑加以验证。

正如钱学森所说：是不是真正的创新，就看是不是敢于研究别人没有研究过的科学前沿问题，而不是别人已经说过的东西我们知道，没有说过的东西，我们就不知道。

在第 3 章所演练的以终为始思维方式的基础上加上艺术修养，能引导人们做大跨度的联想，构成形象思维，让愿景的形象栩栩如生。再通过严密的逻辑加以验证，去芜存菁，就能引导人们去发现自己所未知的事物，并对它进行进一步的探索和研究。这种发现的行动，称为知不知（Know Unknown）。这是很多创新的源头，所以钱学森说：这才是真正的创新。也就是老子所说的“知不知，上”。

5.1.2 更详细说明：知不知（Know Unknown）

首先来区分这三个名词：

- Known：已知（且懂其）道的事物，也就是既有的知识。
- Unknown known：已知（它是什么），但未（学其）道的事物。
- Unknown：还不知它是什么（当然未学其道）的事物。

于是，所谓“Know Unknown”就是去发现那些该知而还不知的事物。刚才介绍了科学家钱学森所说的：是不是真正的创新，就看是不是敢于研究别人没有研究过的科学前沿问题，而不是别人已经说过的东西我们知道，没有说过的东西，我们就不知道。

其中的“别人（包括自己）没有研究过的”事物，就是 Unknown；而 Know Unknown 就是去找出哪些是别人没有研究过的事物。一旦知道它在哪里，该事物就变成 Unknown known 了。接着潜心去研究它，并弄懂其道，则变成 Known。这个过程具有极大的创新性。

其中的第一步就是要设想（Visualize）最终的成功景象（结果）。然后，以愿景为基础，把眼睛摆在未来的位置上，再逐渐看回到现在所处的环境。依序迭代下去，引导人们去探索更多的未知事物（Unknown），结合已知事物（Known），逐渐组合成为一个“可实现计划”。

以终为始的思维习惯让人们的思维走出碉堡（彼岸），它是一艘有巨大马力的渡轮，让人们的思维顺利到达愿景（此岸），然后进行“从愿景照进现实（Mapping from vision to reality）”步骤，找出一条从现实通往愿景的可行之路，最后付诸实际行动，则今日的梦想（愿景）将在明日成为真实。

5.2　知不知：乔布斯的创新

5.2.1 以苹果公司的 iPhone 产品为例

在 2003 年，苹果公司的首席执行官（CEO）史蒂夫·乔布斯（Steve Jobs）想开发一个创新型的手机，这个愿景（Reality）来自现实的不完美——当年最流行的是黑莓（Blackberry）手机，而非苹果手机。

现在，教师引导学生使用以终为始、去芜存菁的创新思维方式，使用便利贴来模拟当年乔布斯的创新历程（为了教学方便，这里做了简化及虚拟的情境）。

接着，我们来寻找黑莓手机不完美的地方，如图 5-1 所示。

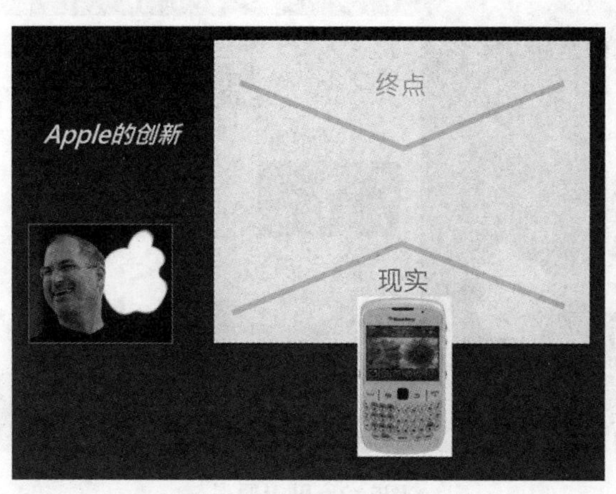

图5-1　观察现实的不完美

5.2.2 找出问题（Problem）

乔布斯觉得黑莓手机键盘太小，操作不方便，导致用户体验（User

experience）不佳。于是，教师在便利贴上写上“键盘小，用户体验差”。如图 5-2 所示。

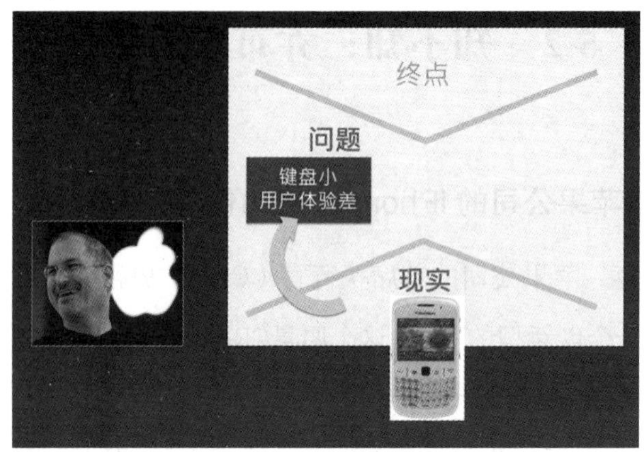

图5-2　洞察问题

从问题而设想出化解问题的方法之后，再设定更完美的目标情境。于是，教师又在愿景的部分贴上便利贴，写出愿景“极简好用”。如图 5-3 所示。

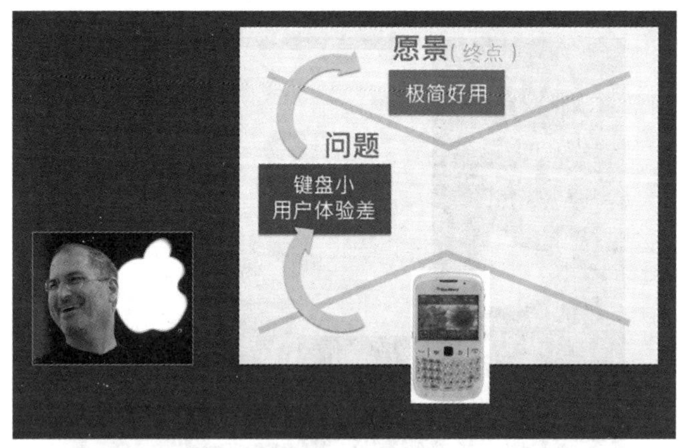

图5-3　贴上愿景

接着，学生就发挥想象力，展开创意，即使是莫名其妙的想法，也都欢迎。教师尽量引导学生发挥更大的想象力，寻找有哪些途径可以通往终点。例如，学生贴出了更多的想法，来与大家分享。如图 5-4 所示。

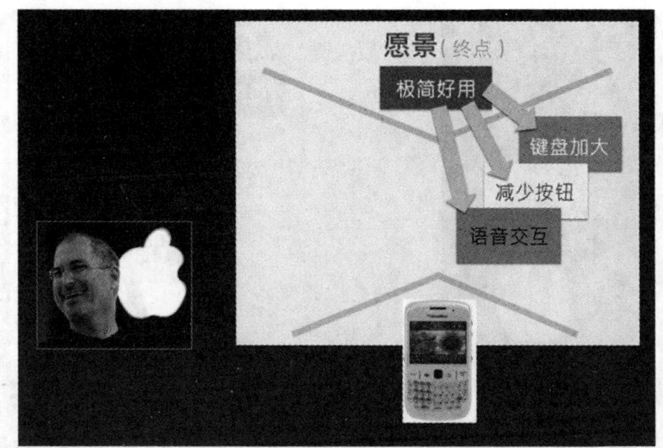

图5-4　踊跃表达各人的创意

此时，团队开始讨论，对其进行去芜存菁。有一位学生提出：已经有其他手机加大了键盘，用起来还是不方便。于是，大家有了共识，决定删除“键盘加大”途径。如图 5-5 所示。

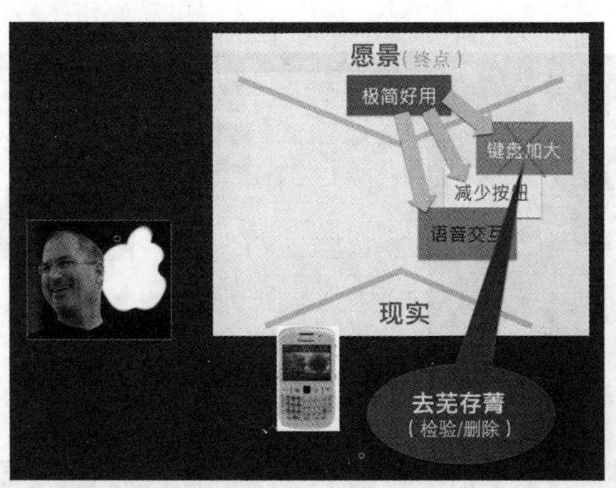

图5-5　照进现实，去芜存菁

接着，针对“减少（键盘的）按钮”途径进行团队讨论，继续进行去芜存菁。有一位学生提出：除非删除整个键盘，不然这些英文字母和数字键，无法只留下其中一部分。于是，大家有了共识，决定删除“减少按钮”途径。如图 5-6 所示。

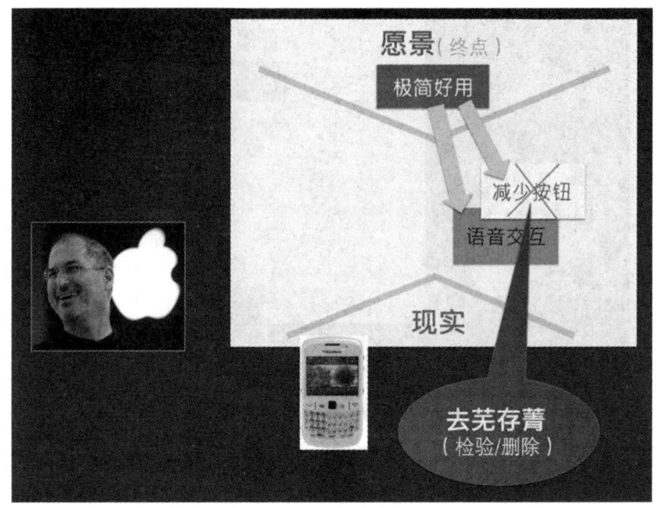

图5-6　继续去芜存菁

这个时候，有一位学生走向海报纸，贴上一个新方案：用手指操作（屏幕）。如图 5-7 所示。

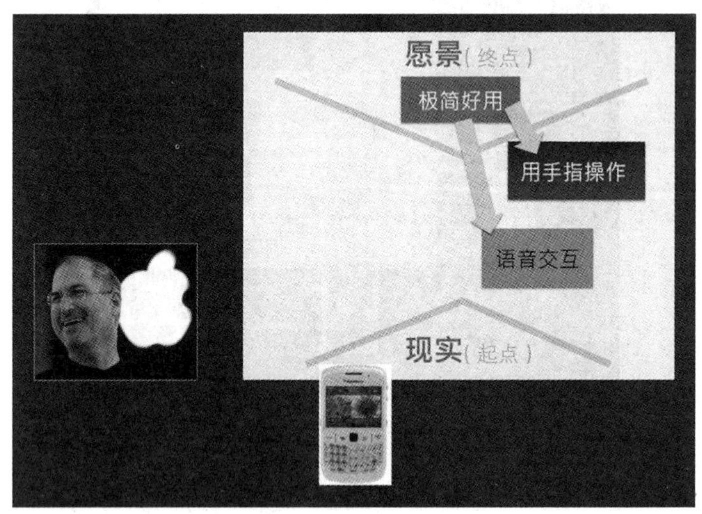

图5-7　贴上更多创想

大家继续针对“语音交互”途径进行团队讨论，对其去芜存菁。有一位学生提出：语音不宜作为主要的交互方式，因为很容易造成嘈杂的环境。

于是，大家有了共识，认为语音交互不能取代键盘，因而决定删除“语音交互”途径。如图 5-8 所示。

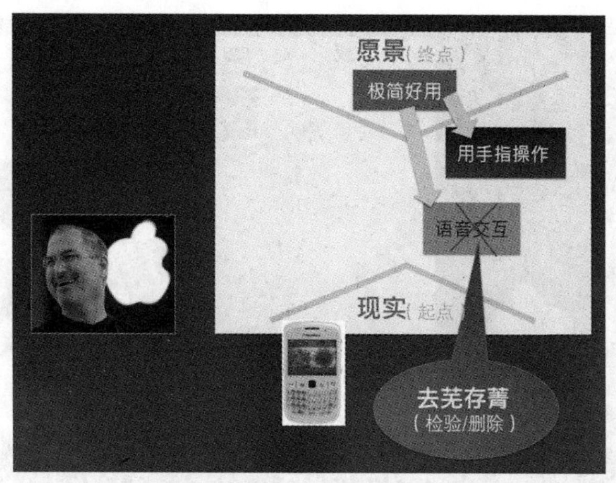

图5-8　逐一地去芜存菁

大家继续针对“用手指操作”途径进行团队讨论，基于这项新构想（方案），学生仔细洞察，并加以检验，力求照进现实。结果并没有发现足够的证据来删除这个“用手指操作”方案，于是教师让学生继续分享观点和激发新创意，更深入探索这个方案，如图 5-9 所示。

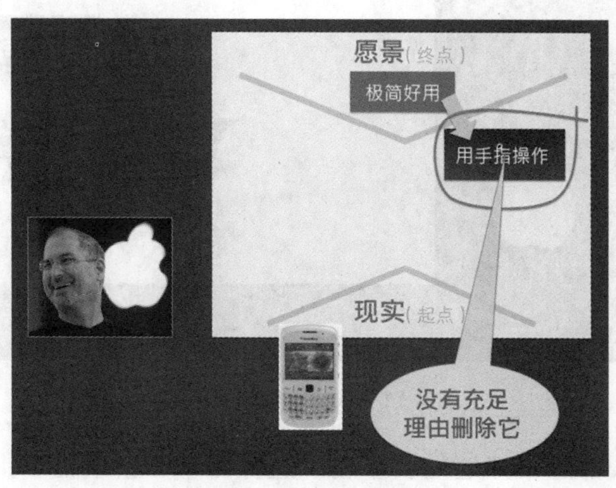

图5-9　继续去芜存菁

此时，有一位学生提出了看法：如果能找到一项新技术，可以感应手指的触压或热度，就能实现乔布斯的愿景，那就太美好了。

图5-10　未知事物出现了

但是，还没有人这样做过，可能也没有人研究过这样的技术。

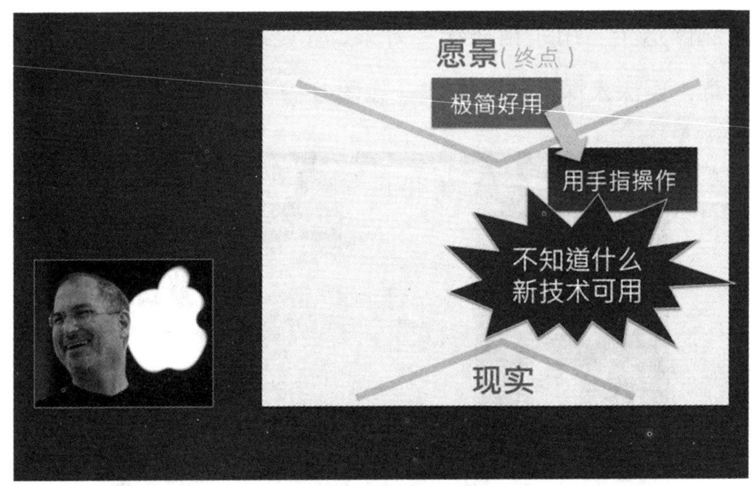

图5-11　未知事物浮上心头

这种人人都还不知道的新事物，通称为未知新事物（Unknown）。在此前也没有人意会到这项事物，但是依循以终为始的思维习惯，这种非常有助于实现美好愿景的新事物，就会隐隐约约浮现在心头，并且愈来愈清晰。

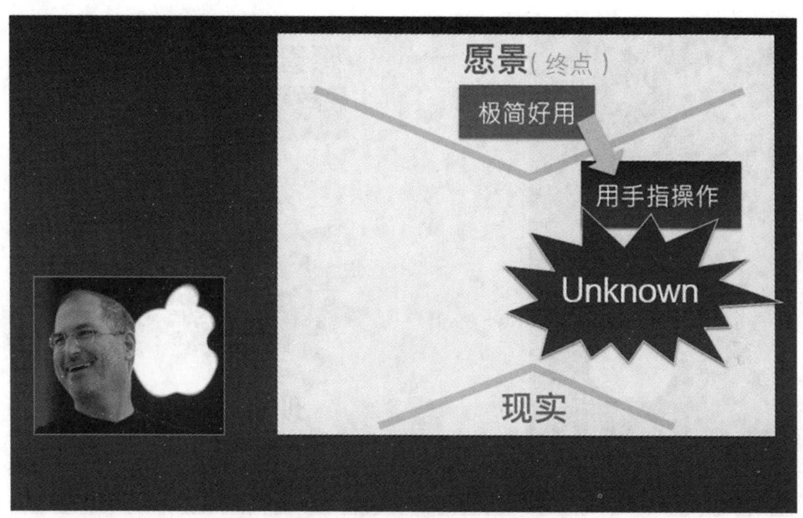

图5-12　未知事物愈来愈清晰

由于愿景呈现出美好的未来，驱策大家更用心去设想和探索这项新事物，所以它在脑海里会更加清晰。这通称为知不知（Know Unknown）。

图5-13　展开Know Unknown

对这新事物的设想（梦想），引起学生的好奇心和专注力，吸引大家去深入猜想、寻找、学习它，如图 5-14 所示。

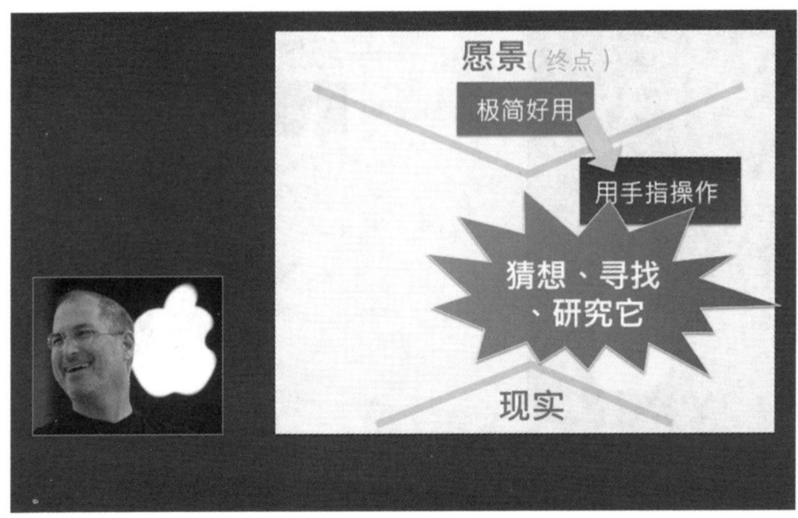

图5-14　深入探索和学习

通过深入的学习和研究，我们逐渐发现，真正需要的新事物就是：一种触摸式的屏幕。运用它就可以来实现梦想了。

图5-15　变成已知事物（Known）

继续深入探索，我们发现只要把目前常用的电阻式屏幕技术，改良为电容式屏幕新技术，就能大功告成了。

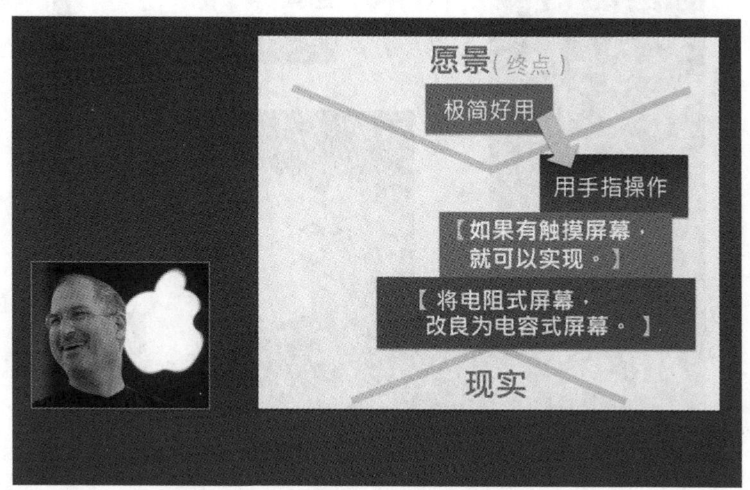

图5-16　完成第一阶段的心智创造

接着，进入第二阶段的实体创造。通过实际验证，这是一个可奏效的技术。

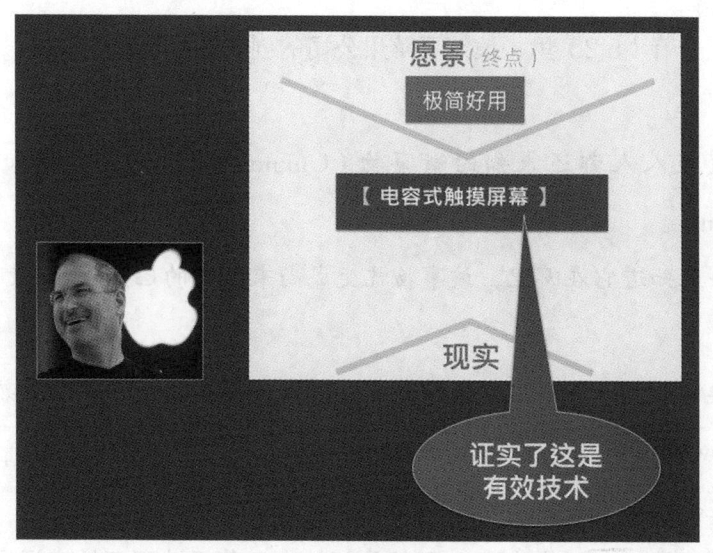

图5-17　展开实体创造

2007 年，创新型的 iPhone 手机大量生产上市。

图5-18　完成了两次创造

5.3　团队演练（一）：从新技术，寻找更多目标

在上一节（5.2）里，演练了苹果公司的创新过程：

· 发现人人都还未知的新事物（Unknown），这是知不知（Know Unknown）。

· 一旦知道它在哪里，该事物就变成尚未深究的已知事物（Unknown Known）。

· 接着，潜心去研究它，学习它，深入弄懂其道，它就变成熟知的事物（Known）。

· 这个过程非常具有创新性。

现在，基于上一节（5.2）里的创新技术，苹果公司开始审视现实环境里的其他产品，例如，当时观察到微软公司（Microsoft）率先推出一种平板（Pad）计算机，如图 5-19 所示。

图5-19　微软公司推出平板

现在，教师可以引导学生来洞察这项产品的不完美之处。

这时，有一位学生在便利贴上写了：为什么要有这支笔呢？如果一定要通过这支笔才能使用这种产品（Pad），那就只有学生和办公室人员会使用这种产品，医生、飞行员、农夫、建筑工人、销售人员等都会很少使用它。因此，客户群只剩下学生和办公室人员，其客户群太小了。这是这位学生洞察到的问题（Problem），并写在了便利贴上。如图 5-20 所示。

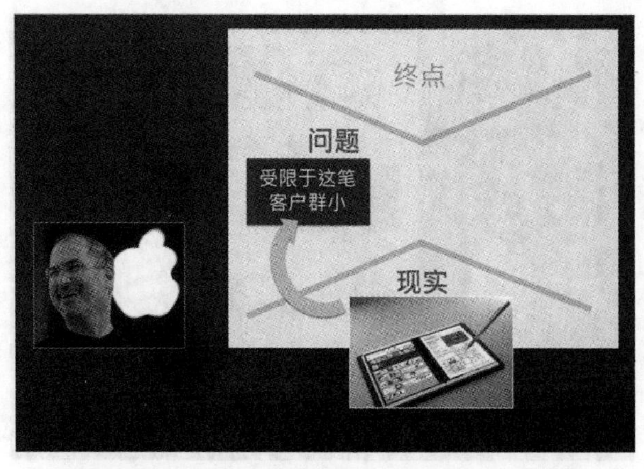

图5-20　提出洞察别的问题：客户群太小

接着，想象问题化解之后的美好梦想（愿景），教师也引导学生在脑海里设想着未来的真实。例如，有一位学生在便利贴上写了：删除这支笔，可以扩大客户群。如图 5-21 所示。

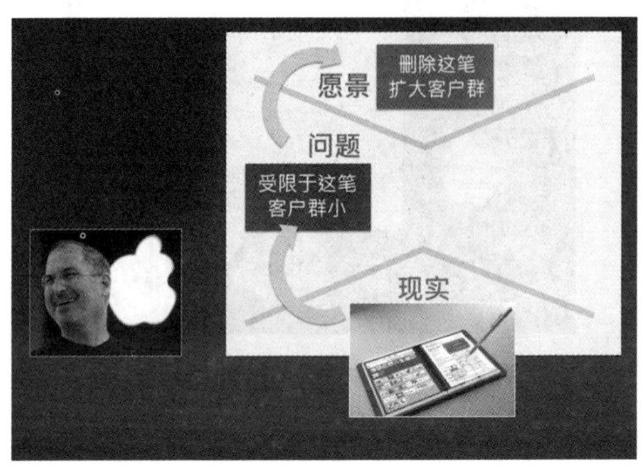

图5-21　提出愿景：删除笔，扩大客户群

基于这个愿景，学生就开始互相观摩，激发出更别出心裁的想法，然后自主地走到海报纸前，把想法写在便利贴上，并贴上去。此时，有一位学生立即想到上一节（5.2）里所谈的创新方案，他走到海报纸前，贴上自己的方案：用手指操作。如图 5-22 所示。

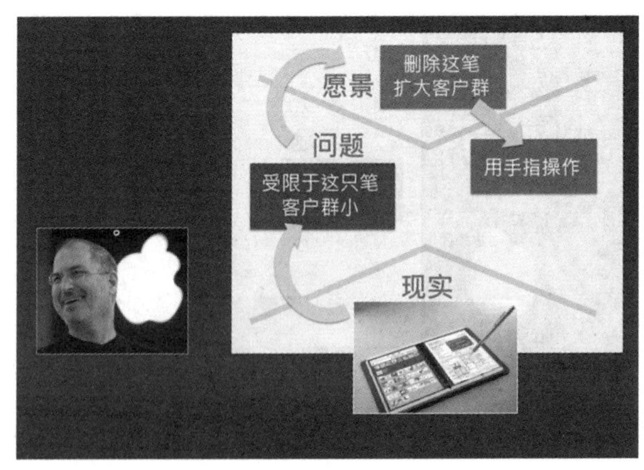

图5-22　用手指操作

并且搭配上一节（5.2）里所谈的有效技术——电容式触摸屏幕。如图 5-23 所示。

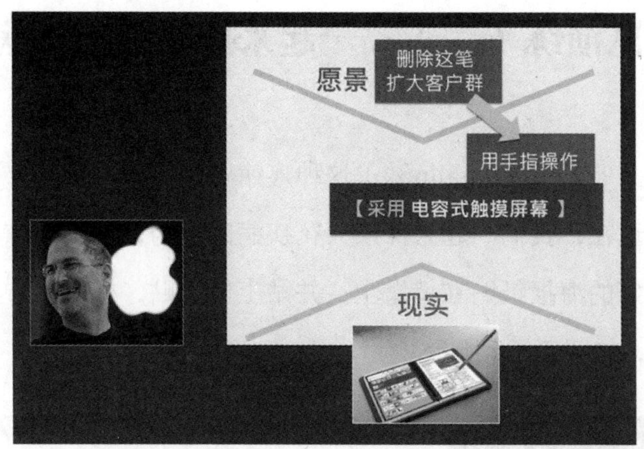

图5-23　贴上更多的创想

2010 年，苹果公司推出了 iPad，然后大量生产上市，如图 5-24 所示。

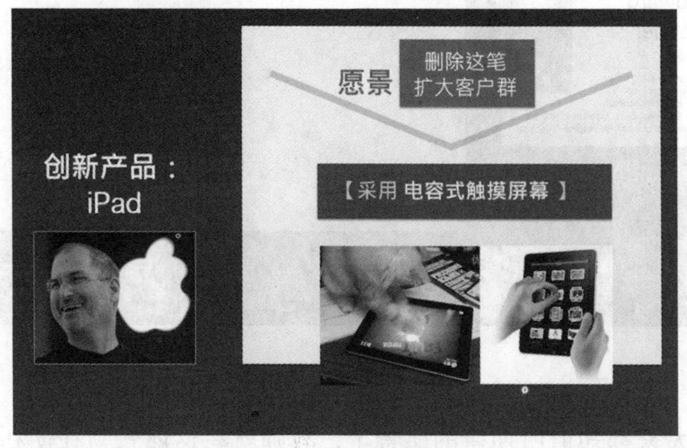

图5-24　创造出iPad

5.4 团队演练（二）：一起来探索天花疾病的解药

在历史上，天花（Smallpox）这种疾病曾经大范围流行，夺走了许多人的生命。现在，我们一起来探索天花疾病的解药，演练一次创新之旅。教师把准备好的海报纸贴在墙壁上，并贴上便利贴，标示上方是终点，而下方是起点，如图 5-25 所示。

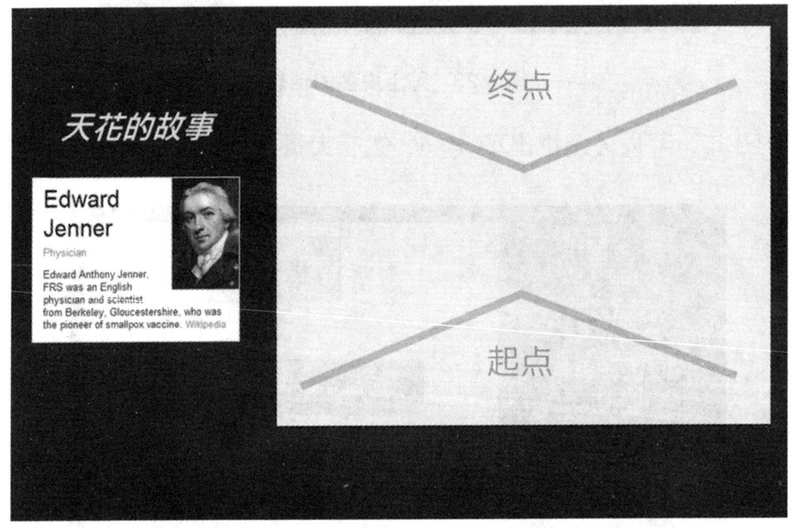

图5-25 天花的故事

由于大家都知道所期待的愿景了，教师就将这愿景写在便利贴上，然后贴到海报纸上。如图 5-26 所示。

图5-26　贴上愿景：找到解药

接着，教师提出一个问题：有什么途径可以来达成这项愿景呢？学生在脑海里设想着未来的真实：探索出有效的解药，让人们不会感染天花疾病，然后探索出可能的途径。例如，有一位学生走到海报纸前面，贴上了便利贴，表达了他的创意想法：研究生病的原因。如图 5-27 所示。

图5-27　分享创意

接着，教师引导学生把它照进现实，对其进行去芜存菁。此时，大家并没有足够的证据来否定这个方案。但是，却发现已经有许多医生在医院里仔细观察患者，用心探索和研究生病的原因，期待能从中研制出有效的解药。如图 5-28 所示。

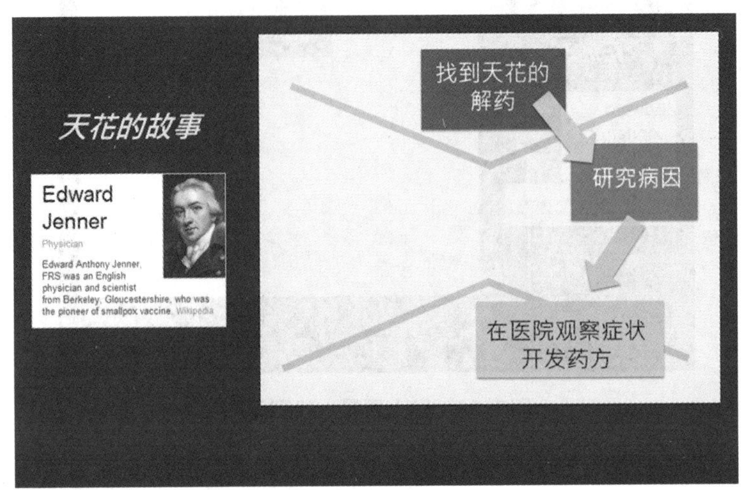

图5-28　照进现实

但是，很多年过去了，并没有任何成效。如图 5-29 所示。

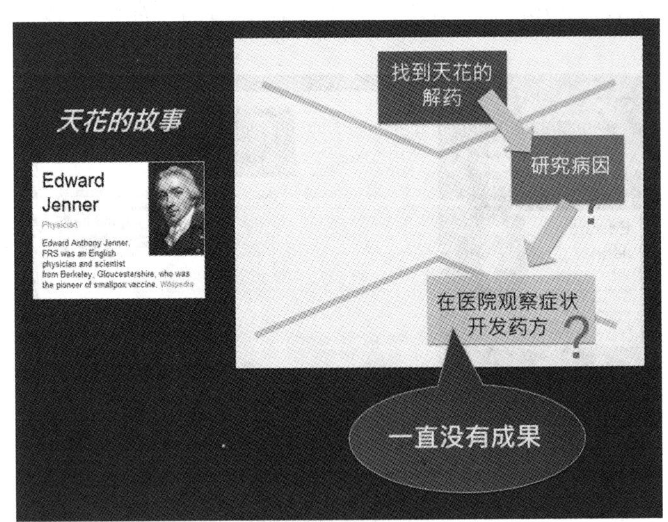

图5-29　没有成果

这时，有一位学生提出一个新方案，在便利贴上写下：研究没生病的原因。如图 5-30 所示。

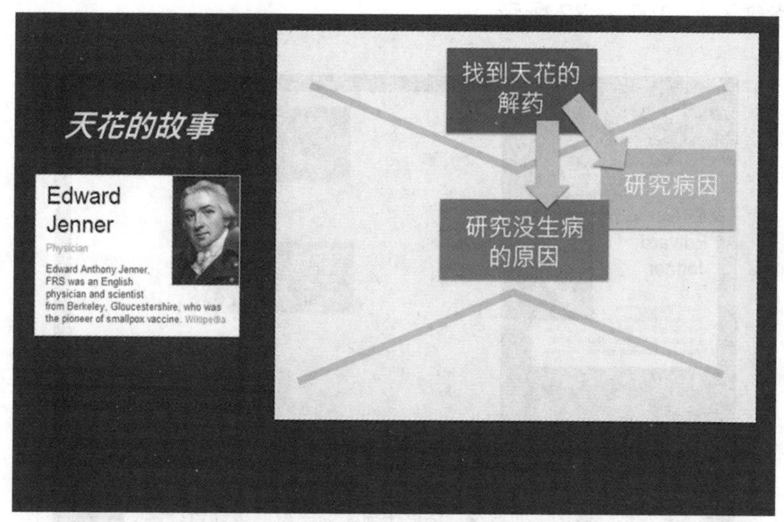

图5–30　分享新方案

接着，老师引导学生把它照进现实，对其进行去芜存菁。于是，去各村庄观察现实情况中那些没有生病的人。如图 5–31 所示。

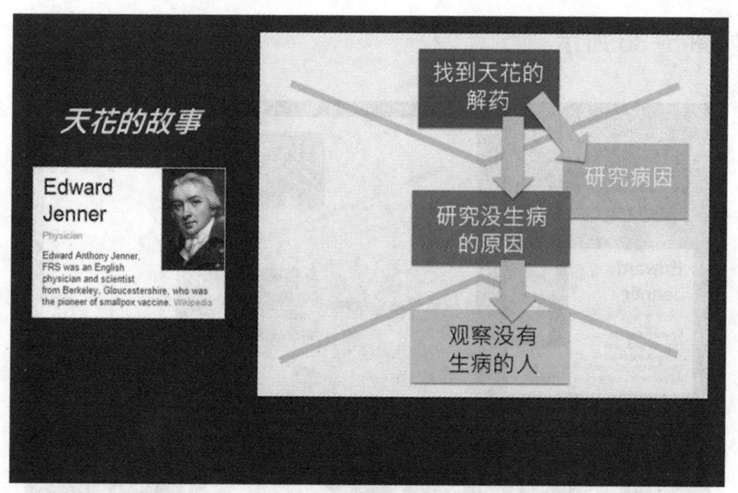

图5–31　照进现实

大家观察到一个现象：在某个村庄里，挤牛奶的女工似乎没有得天花的病例，而且这些牛身上的牛痘病毒都曾经感染给女工们，但这些女工很快都痊愈了。如图 5-32 所示。

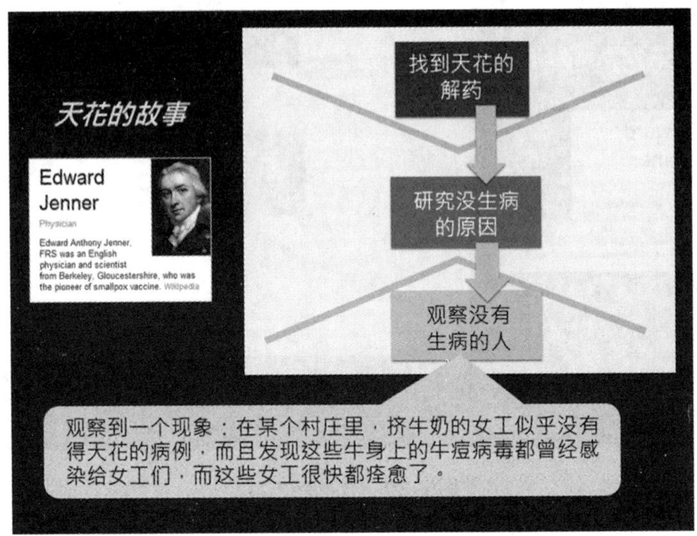

图5-32 现实中的现象

这就引起大家的好奇心，其中必有原因，只要找到其因，就能实现愿景了。如图 5-33 所示。

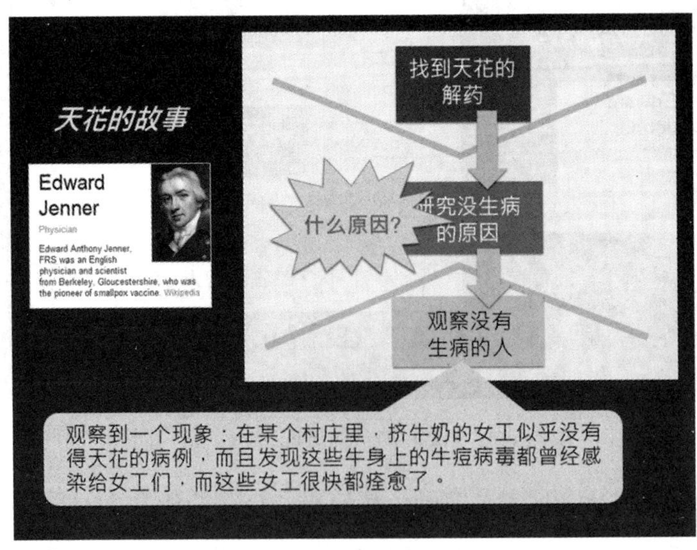

图5-33 未知原因

这种非常有助于实现美好愿景的新事物，会隐隐约约浮现在心头，并且愈来愈清晰。如图 5-34 所示。

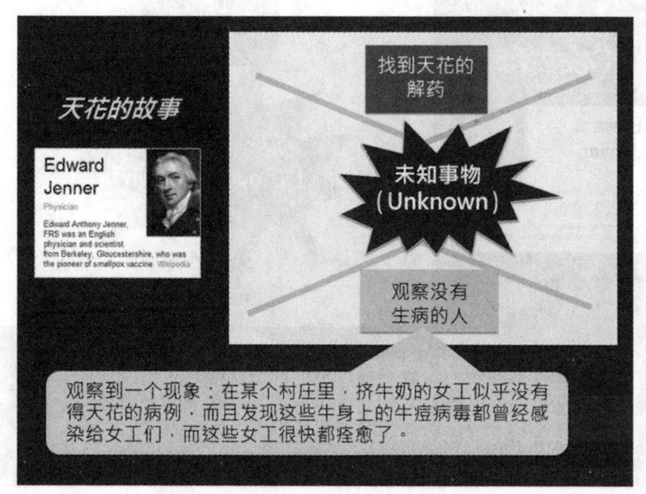

图5-34　未知事物（Unknown）

由于愿景呈现出美好的未来，驱策大家更用心去设想和探索这项新事物，它在脑海里就会更清晰。如图 5-35 所示。

图5-35　知不知，上

于是，大家就去深入猜想、寻找、学习它，如图 5-36 所示。

图5-36 深入猜想、寻找、学习

教师继续引导学生去设想、联想和畅想，并乐于分享自己的观点和创新。例如，又有一位学生走到海报纸前，贴上他的猜想：挤牛奶的人感染了牛痘，就会对天花产生免疫性。如图 5-37 所示。

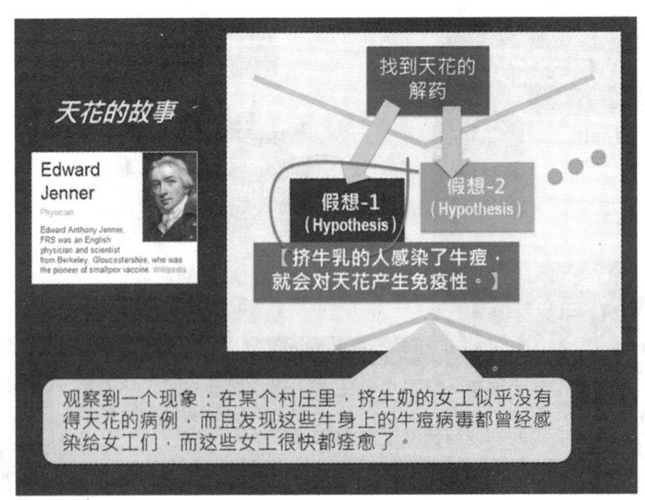

图5-37 提出假设与猜想

有一位学生继续推理，如果挤牛奶的人感染了牛痘，就真的能对天花产生免疫性的话，那就能通过种牛痘来预防天花了。他就走到海报纸前，贴上他的推理：种牛痘，可预防天花。如图 5-38 所示。

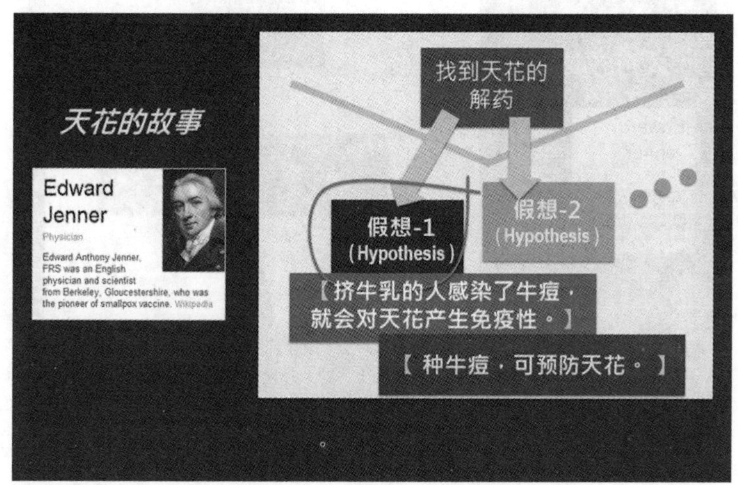

图5-38　分享进一步构想

基于新的构想（方案），学生可以仔细洞察，力求照进现实，并加以去芜存菁。如图 5-39 所示。

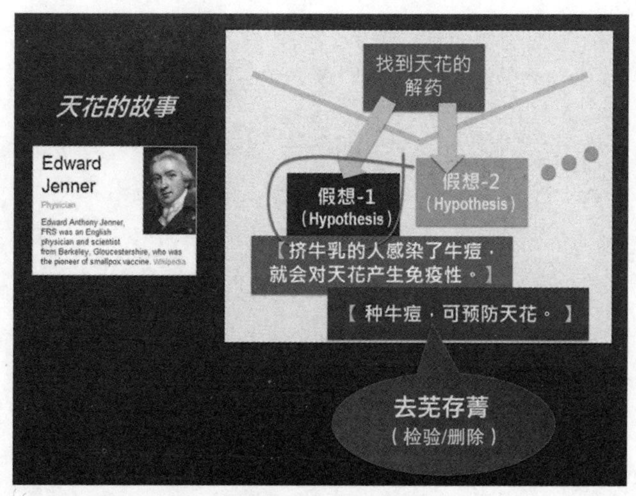

图5-39　去芜存菁

接着，进入第二阶段的实体创造。通过实际验证，这是一个可奏效的方法。如图 5-40 所示。

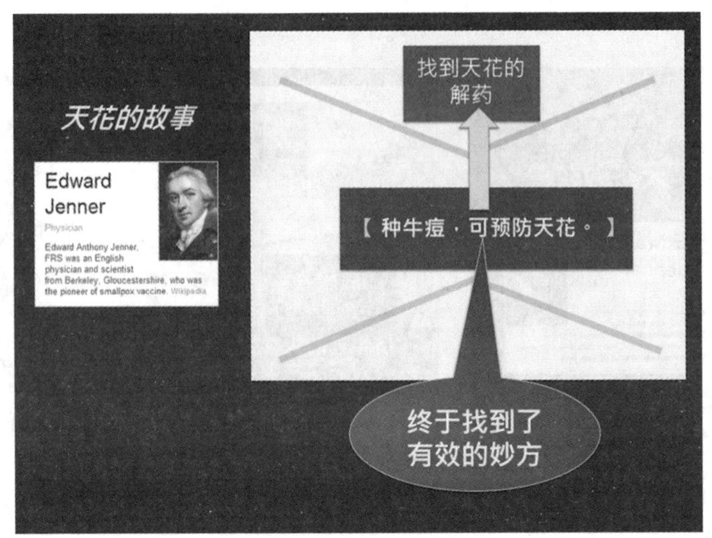

图5-40　愿景实现

以上就是通过团队演练来让学生一起寻找天花解药的过程。

第 6 章

以简单驾驭复杂：序中有乱

★ 6.1 汉字“容易”就是：容纳变化

★ 6.2 如何创造“序中有乱”：以航运港口为例

★ 6.3 不用便利贴，而使用DTF

★ 6.4 演练DTF：以《隆中对》为例

汉字中的“易”就是变化（Change）之意。而“容易”就是拿一个简单的容器来包容变化。当我们面对复杂多变的事物时，通常会觉得很难处理。此时，找一个容器来把复杂多变的事物装起来，以这简单容器来掌控（驾驭）复杂和变化，就会觉得一切都变得简单容易了。容器提供了简单之序，而容器内涵多变，所以俗称为序中有乱。

人们都喜欢简单容易，而且井然有序。遇到失序时，就会渴望井然有序。这种渴望就是终点，运用以终为始的思维方式，并力求去芜存菁，然后知不知（Know Unknown），就会创造许多新事物，带来有机次序，带来快乐。

6.1　汉字“容易”就是：容纳变化

汉字中的“易”就是变化（Change）之意。而“容易”就是拿一个简单的容器来包容变化。当我们面对复杂多变的事物时，通常会觉得很难处理。此时，找一个容器来把复杂多变装起来，以这简单容器来掌控复杂和变化，就会觉得一切都变得简单容易了。这容器提供了简单之序，而容器内涵多变，所以称为序中有乱，又称为容易型简单。

6.1.1 从集装箱来理解“容易”

集装箱的外观巨大而且井然有序，所以能叠得很高；而它的内部是空的，用来容纳多样化而繁杂的物品。如图 6-1 所示。

图6-1　容易：集装箱容纳变化

集装箱的优点是用一项极简单的结构，简化了运输业的管理。例如，在集装箱尚未普及之前，在公路上，必须为汽车业设计特殊的拖车；在港口码头，也必须为木材业设计特殊的卸货吊车及仓库等。这些特殊设计对于运输管理、港口管理、仓储管理等都是很麻烦的事。有了集装箱之后，就出现了专门运集装箱的集装箱轮，也有专门拖集装箱的拖车，高速公路的弯曲度也为了保证集装箱拖车的安全而修正，仓库的管理也变得很简单。集装箱不一定给汽车业、木材业、玩具业等行业带来直接的方便，也许反而带来不方便（如大汽车必须拆解开来才能装进集装箱里），但是运输业从中获得便利，所以运输业会很乐意把集装箱推广开来，促成集装箱的革命性风潮。

6.1.2 师法自然之序

自然界生物之设计，其主要限制是“信息的有限性（Information Limitations）”。由于这项限制，一个生物形体的形成，是出自一个概括性的计量——“单纯的造型”。随着生物的成长、与环境的交互信息愈多，逐渐在细节上修修补补，就发展出不同的内涵。然后，基于单纯的造型，不断进行“重复地组合”。例如，漂亮的枫叶林，就是合乎“单纯造型、不同内涵、重复组合”三项特性。许多造型相同（且不同细节）的枫叶，组合出一片美丽的树林。如图 6-2 所示。

图6-2　美不胜收的枫叶

再如人们手掌的造型也都极为相似，但其细节纹路各不相同，也满足上述三项特性。

1808 年，道尔顿（Dalton）提出他的原子学说，这项原子学说（Hypothesis）的内容是：想象各种元素由其特定的、完全相同的且不可分割的原子所组成，化合物由原子组成，原子的组成数目固定，化学反应是化合物中原子的分裂及重新排列。

图6-3　原子的简单造型

道尔顿想象微观物理中的容易型简单造形为原子（如图 6-3）。基于简单造型的创新组合，成为形形色色的化合物。例如，氢原子（H）和氧原子（O）两者都是原子造型。这两个造型轮廓相同（都是原子造型），但是内涵不同。如图 6-4 所示。

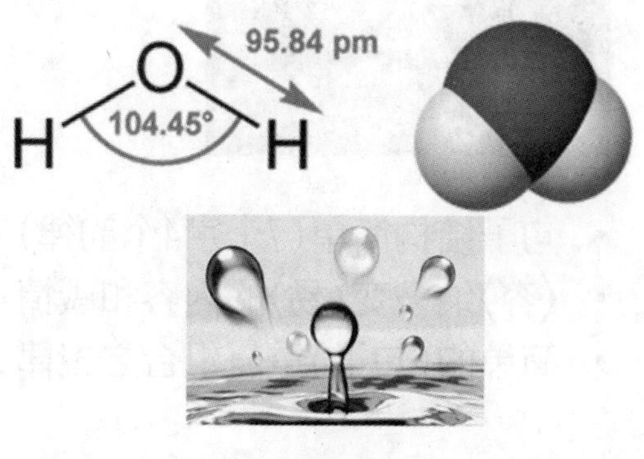

图6-4　原子的创新组合

6.1.3 创造“序中有乱”

唐诗（如七言绝句）是基于容易型简单，发挥组合型创新，缔造了中国历史上最优越的群体性创新风潮。容易型简单的三项特性是：简单形式、内涵多变和无限组合。

唐诗的每一句皆是一个简单“容”器，其内涵个个不同而多变(“易”)，然后可以进行无限创新组合。例如，张继《枫桥夜泊》的 4 句组合。

在《枫桥夜泊》中，有 4 个句子，每个句子有 7 个字，诗中有两个主要韵律：平平仄仄平平仄，仄仄平平仄仄平。如“姑苏城外寒山寺，夜半钟声到客船”。一样的次序，但包含了多变的内容和情感。这是人们师法自然而创造出来的序，从产生“序中有乱”的有机次序到创造出诗风鼎盛的大唐时代。如图 6-5 所示。

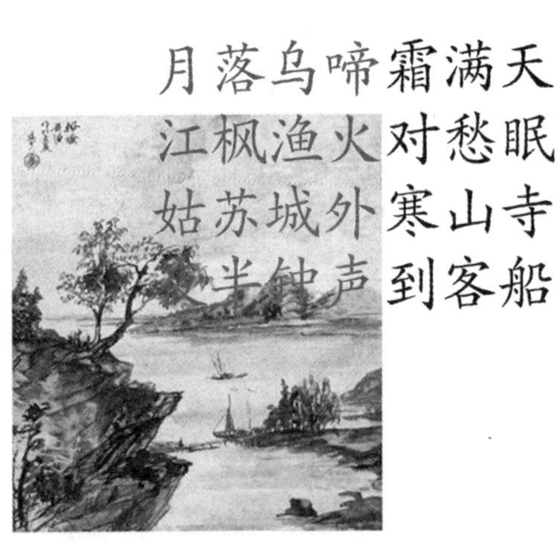

- 句子结构简单(7个字4个韵律)。
- 〈容〉纳多变〈易〉的内容和感情。
- 简单的(句子)重复组合之规律。

图6-5　唐诗的造型

6.2　如何创造“序中有乱”：以航运港口为例

6.2.1 以航运港口为例

在上一小节（6.1.2）里，已经提到了自然界的有机次序，具有三项特性：单纯造型、不同内涵、重复组合。以此观之，集装箱也具有这三项特性：简单形式、包容变化、重复组合。如图 6-6 所示。

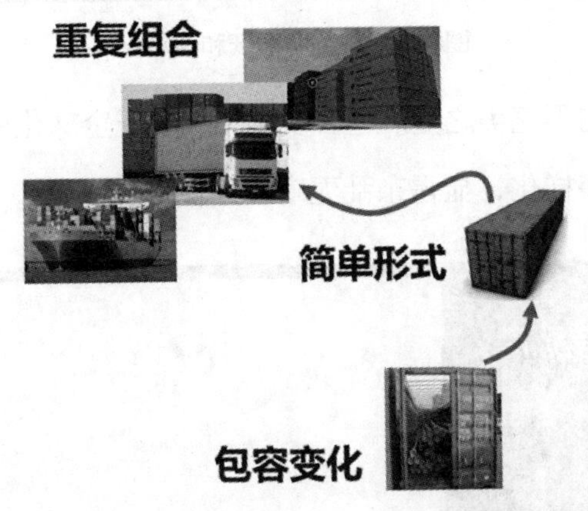

图6-6　“序中有乱”的三项特性

因此，我们可以期待集装箱能为航运业带来井然有序的港口。现在，教师可以带领学生使用便利贴，运用以终为始、去芜存菁的创新思维来替航运业创造新的次序（即序中有乱）。

6.2.2 开始展现创意

在前面各章里，已经演练过了以终为始的思维模式。在本节里，我们继续运用这样的思维模式，先在海报纸上画出终点与起点。如图 6-7 所示。

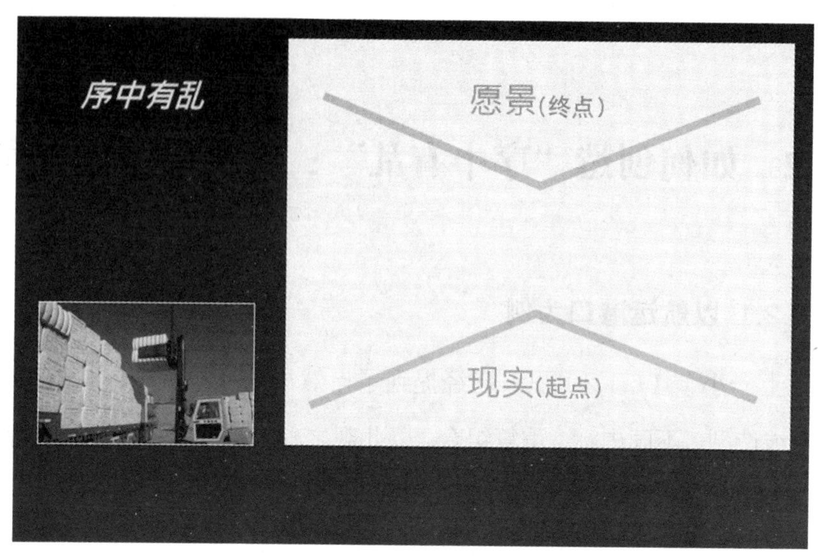

图6-7　拿出海报纸和便利贴

来观察现实的不完美之处。过去多年来，由于全球化的生产模式兴起，港口的货物日趋多样化，显得杂乱无章。如图 6-8 所示。

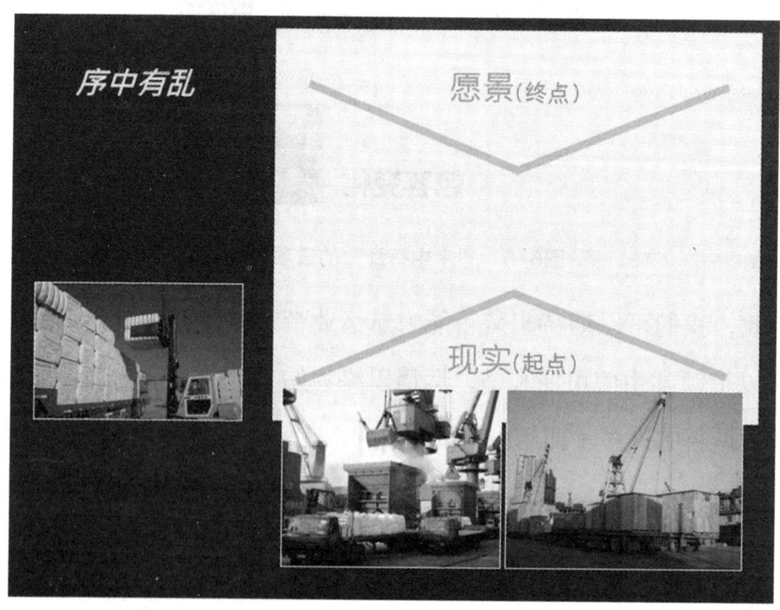

图6-8　描绘现实情况

货物失去原来的次序，这称为失序了。如图 6-9 所示。

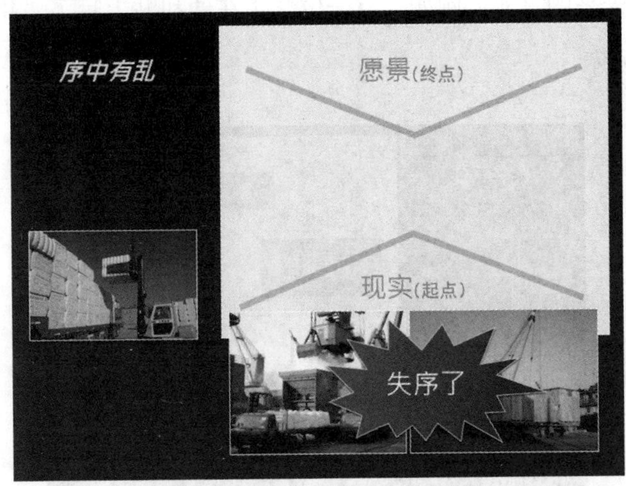

图6-9　现实已经不再是井然有序了

现在，教师可以引导学生洞察“失序”的不完美之处。

很明显，这会让港口变得非常复杂，甚至无法管理而失控。这是大家很容易观察到的问题（Problem），我们把它写在便利贴上。如图 6-10 所示。

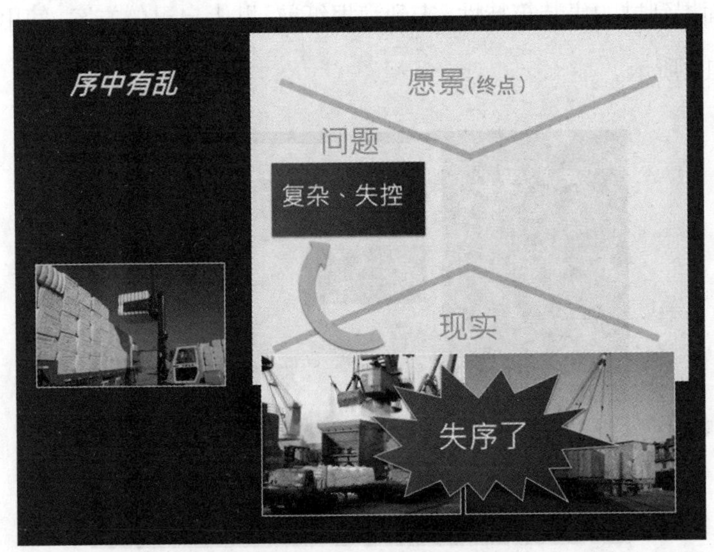

图6-10　贴上问题

接着，想象问题化解之后的美好梦想（愿景），教师也引导学生在脑海里幻想着未来的真实。例如，有一位学生在便利贴上写了“井然有序”。如图 6-11 所示。

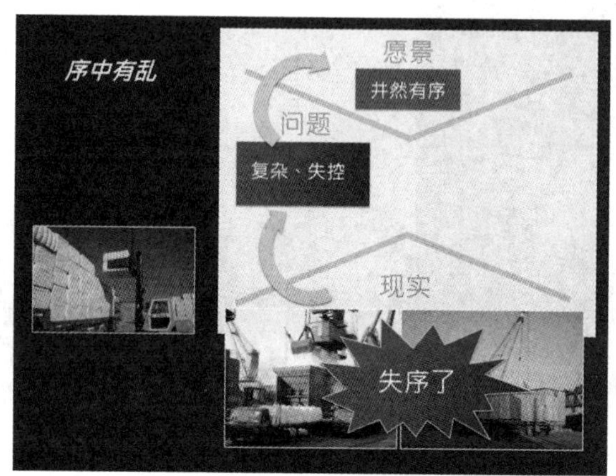

图6-11　贴上愿景：获得井然有序

基于这个愿景，学生开始互相观摩，激发出更别出心裁的想法，再自主地走到海报纸前，把想法写在便利贴上，并贴上去。此时，有一位学生立即想到前面提到过的集装箱特性，走到海报纸前，贴上自己的方案：使用集装箱。如图 6-12 所示。

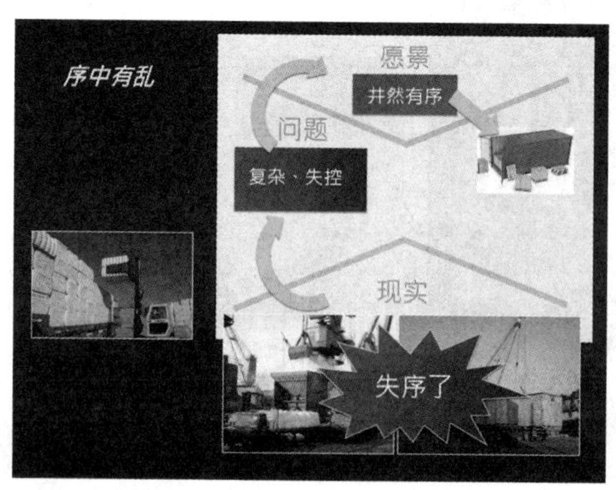

图6-12　联想到新事物：集装箱

另有一位学生认为集装箱是一项好的方案，但是还不足以使港口井然有序，好像还欠缺什么来搭配。如图 6-13 所示。

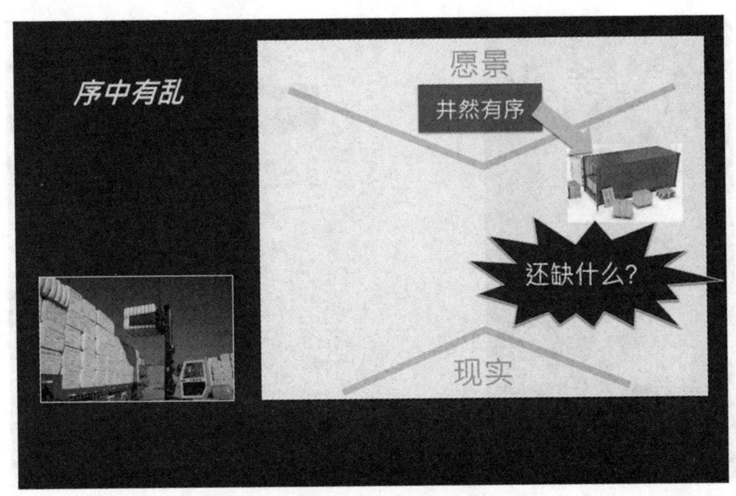

图6-13 浮现出Unknown（一）

现在浮现出一项未知新事物（Unknown）。在此之前也没有人意识到这项事物，但是依循“以终为始”的思维方式，这种非常有助于实现美好愿景的新事物，会隐隐约约浮现在心头，并且愈来愈清晰。如图 6-14 所示。

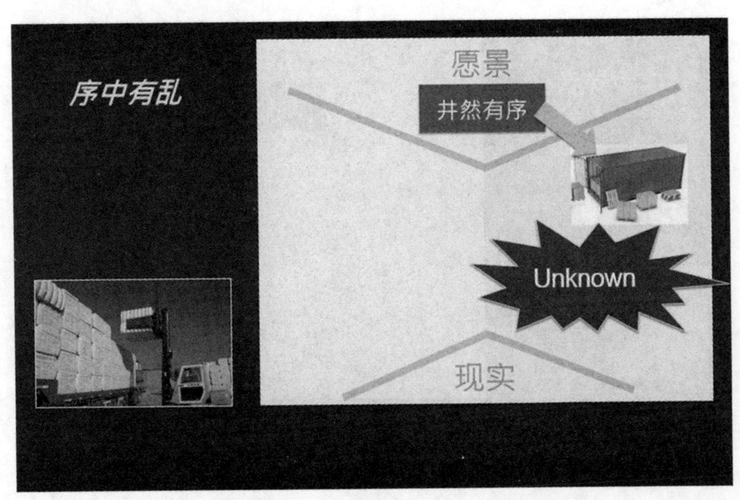

图6-14 浮现出Unknown（二）

由于愿景呈现出美好的未来，驱策大家更用心去设想和探索这项新事物，所以它在脑海里会更加清晰。如图 6-15 所示。

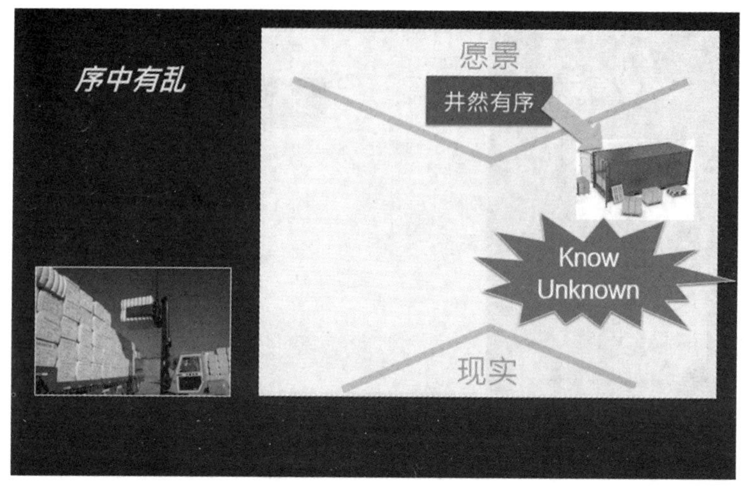

图6-15 深入探索与学习

对这新事物的设想（梦想），引起学生的好奇心和专注力，吸引大家去深入猜想、寻找、学习它。有一位学生，走到海报纸前，贴上自己的方案：使用集装箱拖车。如图 6-16 所示。

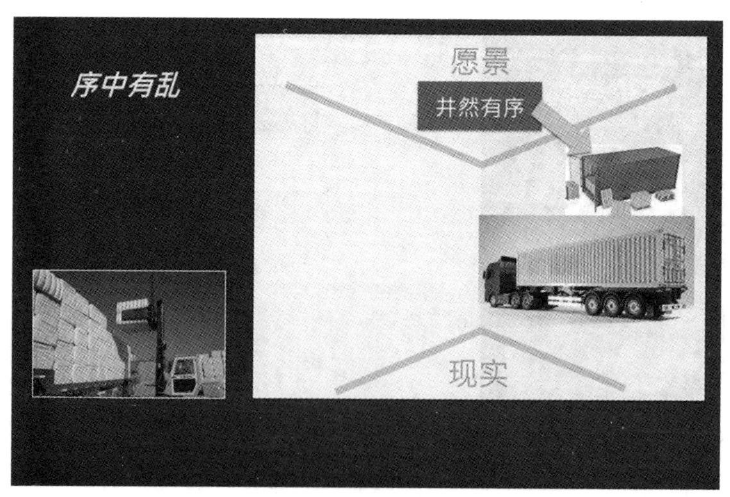

图6-16 发现了新事物：集装箱拖车

但是，有一位学生认为仅有集装箱和陆地拖车，仍然不足以使港口井然有序，好像还欠缺什么来搭配。如图 6-17 所示。

图6-17　又浮现出Unknown（一）

此时，又浮现出一项未知的新事物（Unknown）。如图 6-18 所示。

图6-18　又浮现出Unknown（二）

对这新事物的设想（梦想），引起学生的好奇心和专注力，吸引大家去深入猜想、寻找、学习它。有一位学生走到海报纸前，贴上自己的方案：

使用集装箱货轮。如图 6-19 所示。

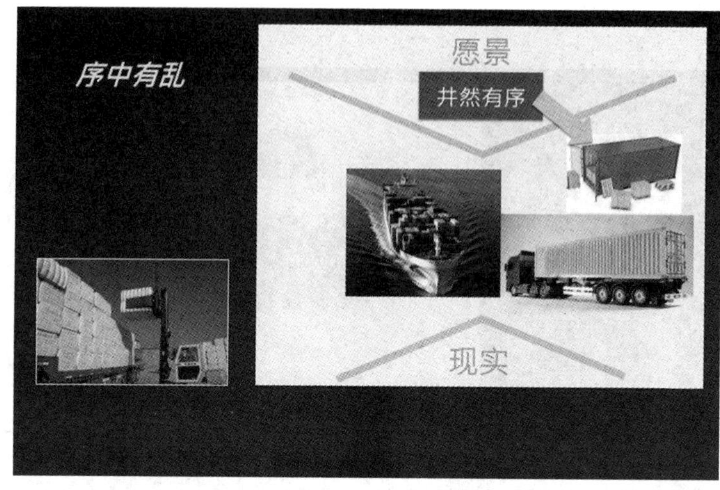

图6-19　发现了新事物：集装箱货轮

继续深入探索，大家发现只要把这三者组合起来，就能大功告成了，即可以带来序中有乱（井然有序）。如图 6-20 所示。

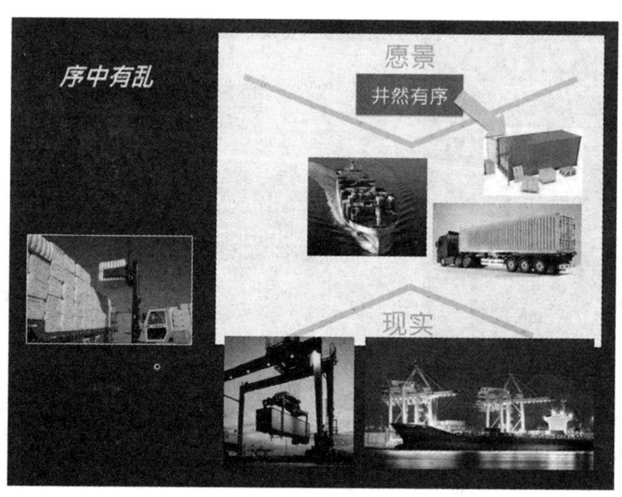

图6-20　将三种新事物连接起来

通过以终为始的课堂演练，大家终于实现了愿景，为航运港口创造了新次序。如图 6-21 所示。

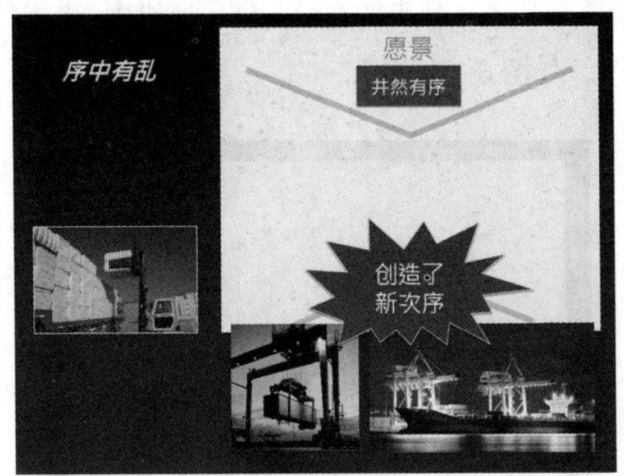

图6-21　带来了新次序

6.3　不用便利贴，而使用DTF

6.3.1 简介 DTF 框架

2015 年，高焕堂教授提出 DTF（Design Thinking Framework）框架，其中包含四项要素：现实（Reality）、问题（Problem）、愿景（Vision）和创意（Creative）［或设计（Design）］。如图 6-22 所示。

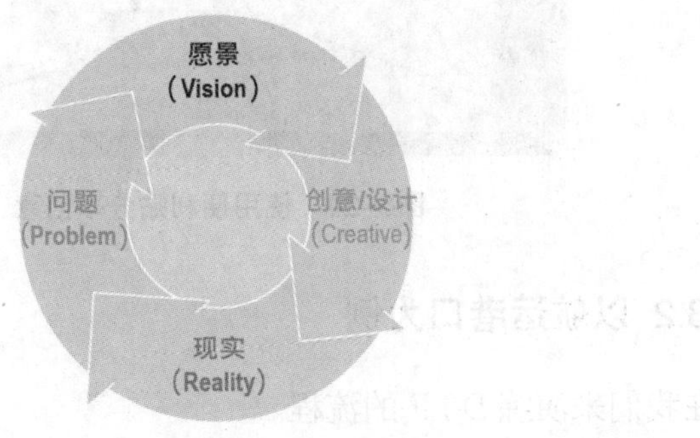

图6-22　DTF创新设计思维框架

为了更方便教师和学生利用便利贴来演练，2017 年，高焕堂提出一个简化形式的 DTF，如图 6-23 所示。

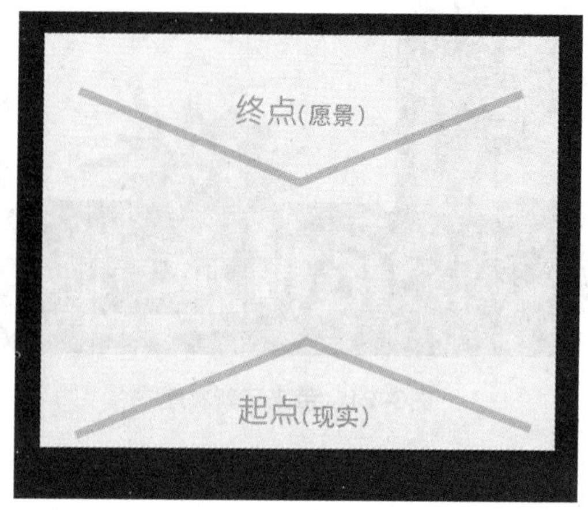

图6-23　从DTF衍生的简化版本

这个简化版本更适合于团队成员之间的协同创新演练，如在前面几章里曾经介绍过使用便利贴来分享创意，如图 6-24 所示。

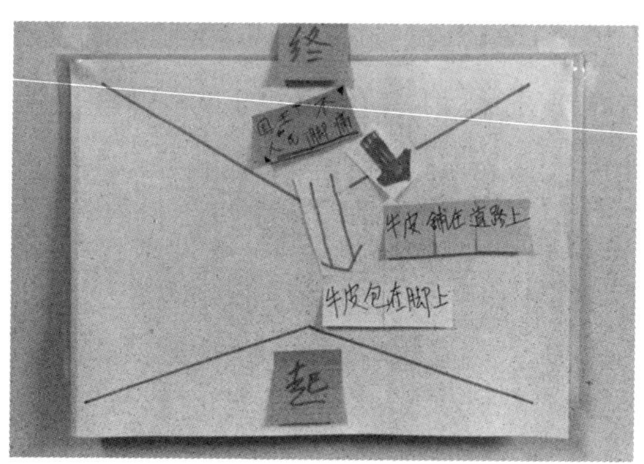

图6-24　使用便利贴分享创意

6.3.2 以航运港口为例

现在我们来演练 DTF 的流程。

Step 1. 原来的港口码头一切井然有序，即从外观看来是“乱中有序”的。

如图 6-25 所示。

图6-25　港口乱中有序

Step 2. 观察现实：产业失序了。随着商业环境的改变，货物的种类愈来愈多，卸货器具也愈来愈多，操作技术变化多端，运输业变得混乱无序了。如图 6-26 所示。

图6-26　港口混乱无序

Step 3. 关注问题：整个港口变得复杂，甚至无法管理，失控了。如图 6-27 所示。

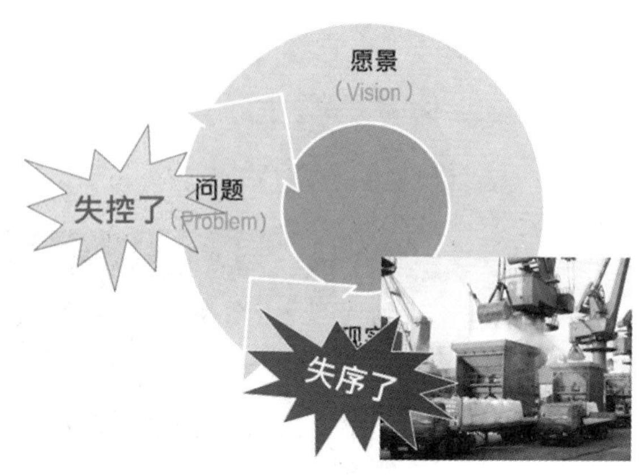

图6-27 关注问题

Step 4. 设想愿景：盼望一个美好的有机次序，恢复井然有序的运输业务。如图 6-28 所示。

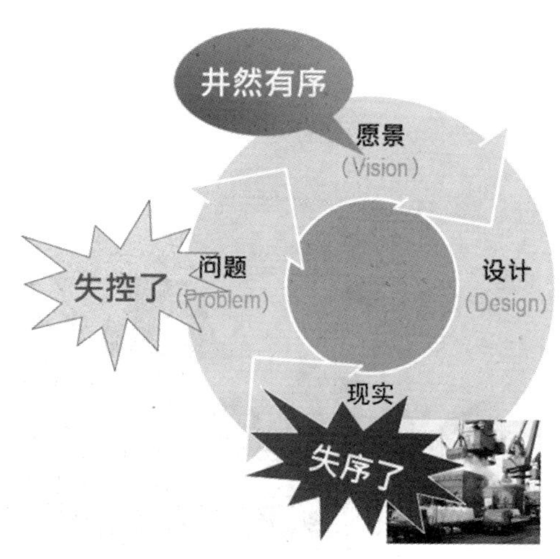

图6-28 愿景：井然有序

Step 5. 师法自然：序中有乱。愿景就像北极星，指引人们发现更多可通往愿景之路径，例如，师法自然界的造物之道，合乎“单纯造型、不同内涵、重复组合”三项特性。就像许多造型相同（且不同细节）的枫叶，组合出一片美丽的树林。这三项特性就俗称为“序中有乱”。如图 6-29 所示。

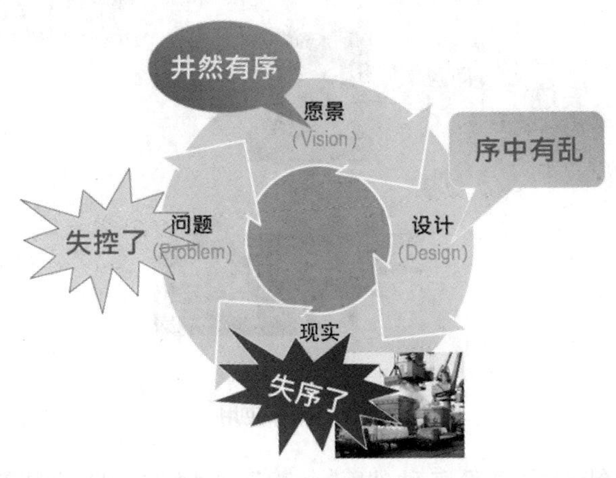

图6-29　序中有乱

Step 6. 创想各项方案，也就是通往愿景的可能路径。例如，依循“序中有乱”而设计出了集装箱。如图 6-30 所示。

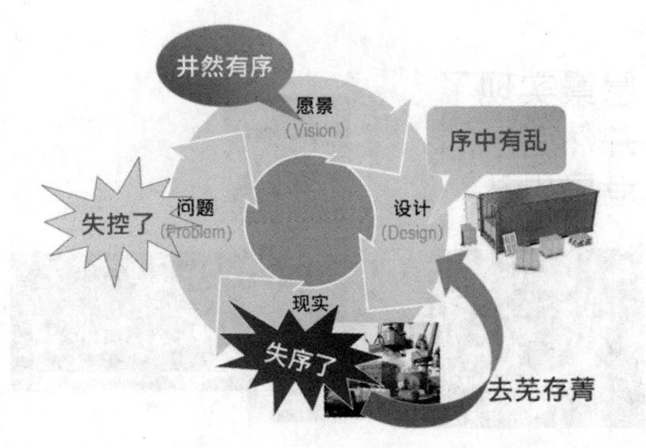

图6-30　序中有乱：集装箱

Step 7. 将集装箱应用于港口上。如图 6-31 所示。

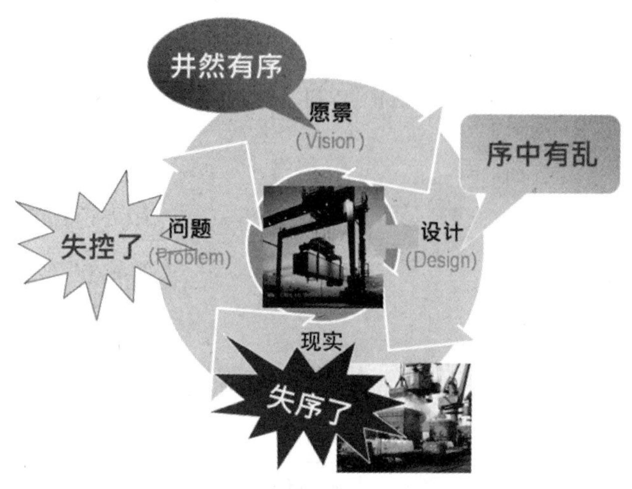

图6-31　实际应用

Step 8. 继续努力寻觅各种“how-to”来操作这些集装箱，例如，码头卸货仪器设备、集装箱货轮、集装箱拖车等。然后，通过这些装备来驾驭复杂，让失序的复杂状态，恢复到井然有序。如图 6-32 所示。

图6-32　愿景实现

至今，集装箱的“序中有乱”仍然为全球的货物运输业带来整齐的次序。

6.4　演练DTF：以《隆中对》为例

6.4.1 关于《隆中对》

三国时期，徐庶把诸葛亮推荐给刘备。刘备前往隆中，三顾诸葛亮于草庐之中，欲请诸葛亮出山为其出谋划策。

6.4.2 流程演练

Step 1. 从这思维框架的四项要素，明确其中关系，如图 6-33 所示。

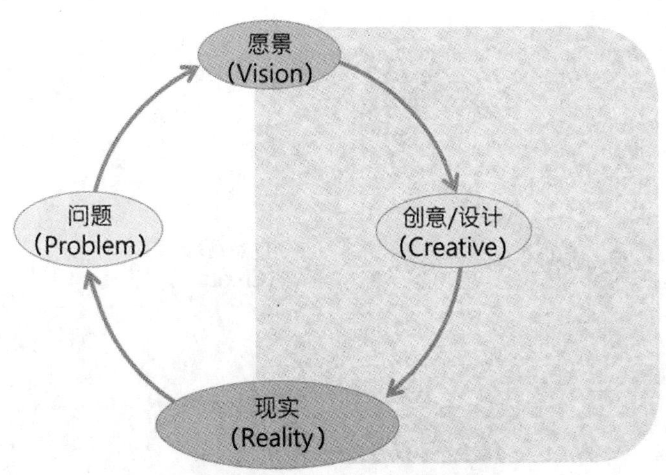

图6-33　DTF思维框架

Step 2. 关注问题：东汉建安十二年（公元 207 年），曹操和孙权各据一方，刘备不知何去何从，兹表示如图 6-34 所示。

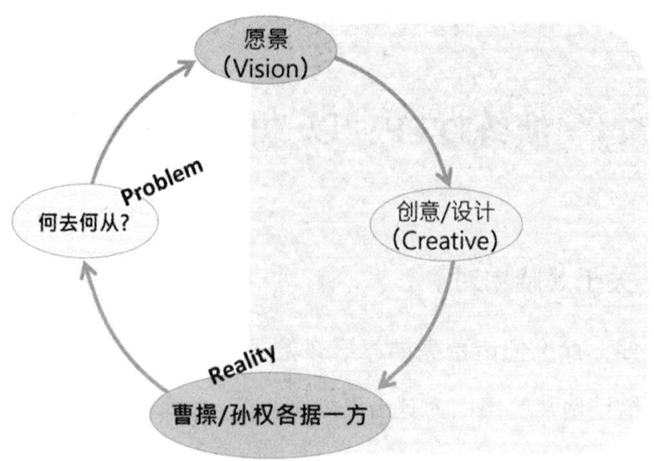

图6-34　提出问题

Step 3. 设想美好的愿景：刘备想统一天下，恢复汉室。如图 6-35 所示。

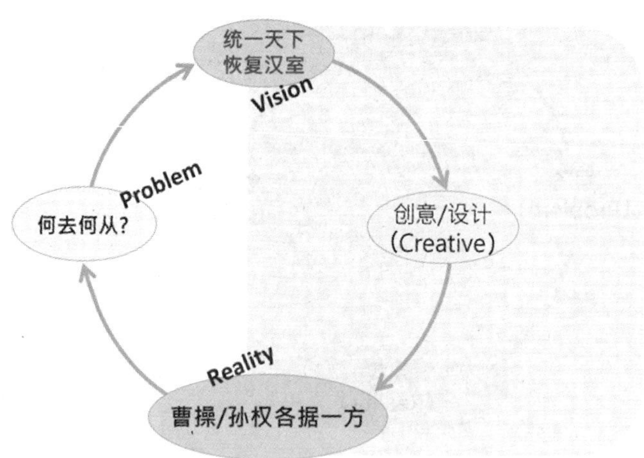

图6-35　设想愿景

Step 4. 愿景是刘备阵营的人们内心深处的美好期待。基于愿景，展开创想，寻找通往愿景的可能路径。例如，很容易联想到：（1）直接进攻北魏，立即统一天下（又称一分天下）；（2）直接进攻东吴，与北魏互相抗衡（又称二分天下）；（3）联吴抗魏，三足鼎立（又称三分天下）。于是，得到三个可能的方案。如图 6-36 所示。

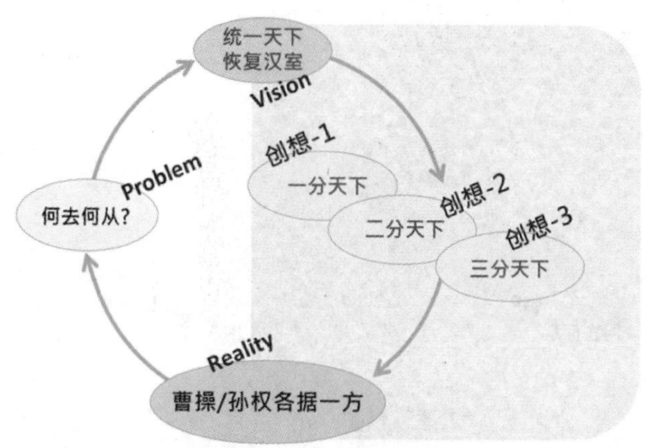

图6-36　寻找通往愿景的路径

Step 5. 开始进行去芜存菁，结果发现：今操已拥百万之众，挟天子以令诸侯，此诚不可与争锋。现实条件无法支撑这个创想 -1，因此删除（否定）了这个创想 -1，如图 6-37 所示。

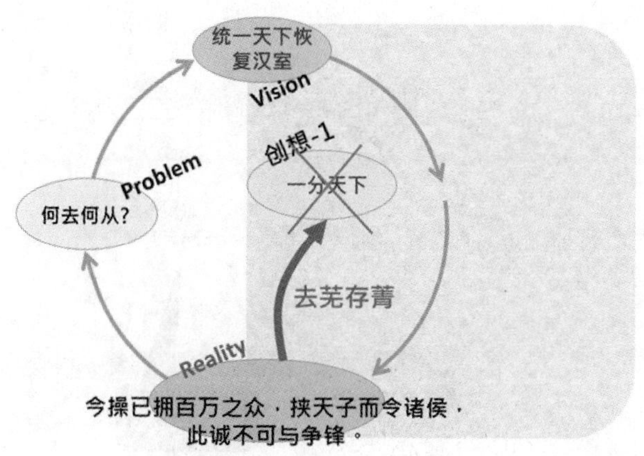

图6-37　去芜存菁

Step 6. 接着，对另一个方案（创想 -2）“去芜存菁”，结果发现：孙权据有江东，已历三世，国险而民附，贤能为之用，此可以为援而不可图也。现实条件无法支撑这个创想 -2，因此删除（否定）了这个创想 -2，如图 6-38 所示。

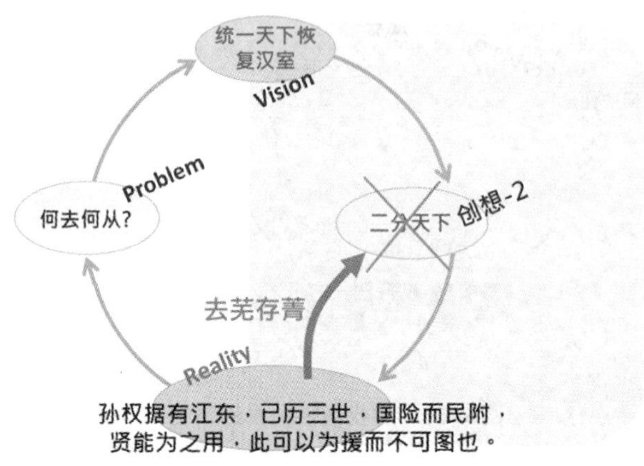

图6-38　继续去芜存菁

Step 7. 然后，再对另一个方案（创想 -3）进行去芜存菁，结果并没有发现可以否证的因素。如图 6-39 所示。

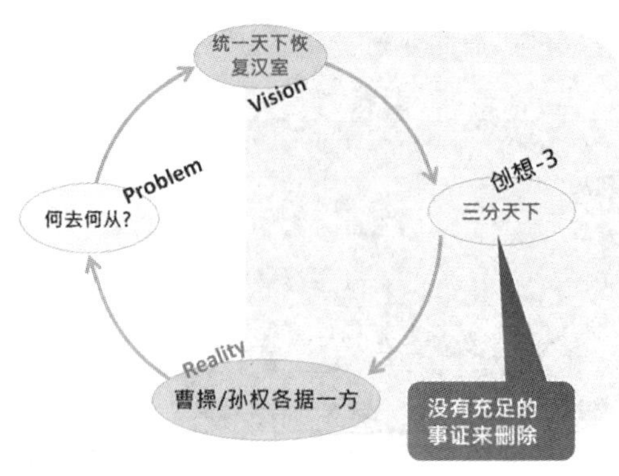

图6-39　需进一步探索

Step 8. 因为还没有洞察到充分的事实，没有足够的证据来删除这个创想 -3 方案，所以需更深入探索这个方案。如图 6-40 所示。

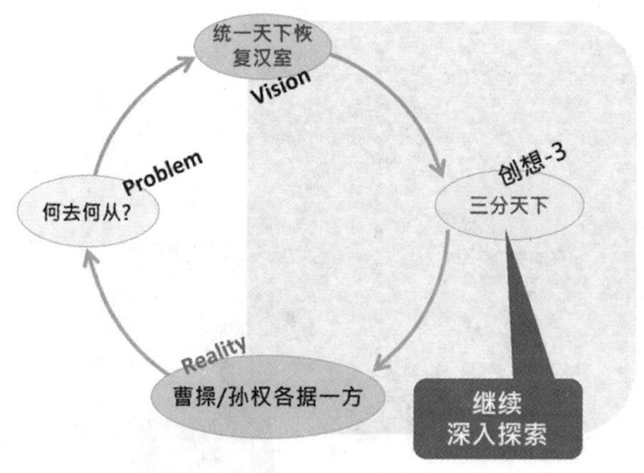

图6-40　三分天下

Step 9. 此时，把这个没有被否定的创想 -3 方案，视同于一个小目标或小愿景，然后寻觅其实现方案：先取荆州，再取益州。如果这两阶段皆为可行，那么这个小目标（即三分天下）就可实现了。因此，将这两个阶段视为两个小的创想方案。如图 6-41 所示。

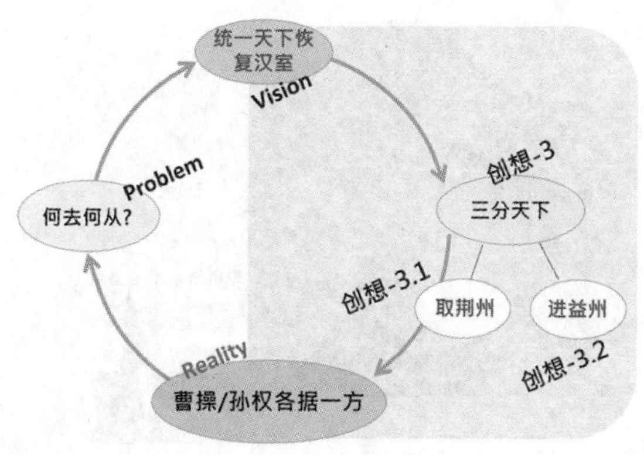

图6-41　进一步探索路径

Step 10. 对创想 -3.1 方案进行去芜存菁，然而找不到足以否定的因素，反而发现了有利的因素：荆州北据汉、沔，利尽南海，东连吴会，西通巴蜀，此用武之国，而其主不能守。这个创想 -3.1 方案获得了正面支持。如图 6-42 所示。

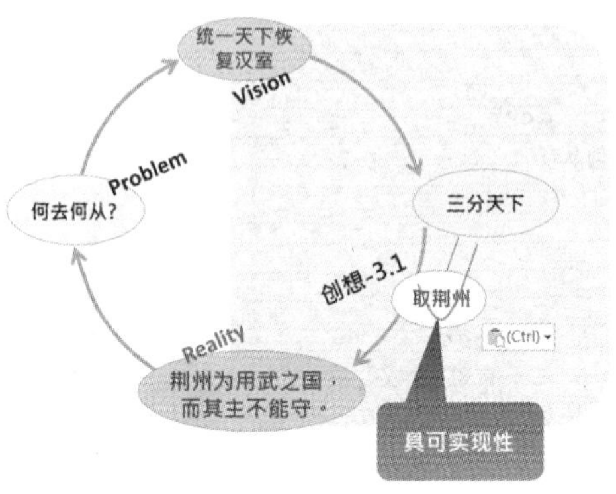

图6-42　创想-3.1照进现实

Step 11. 开始对创想 -3.2 方案进行去芜存菁，然而找不到足以否定的因素，反而发现了有利的因素：益州险塞，沃野千里，天府之土，刘璋暗弱，张鲁在北，民殷国富而不知存恤，智能之士思得明君。这个创想 -3.2 方案也获得正面支持。如图 6-43 所示。

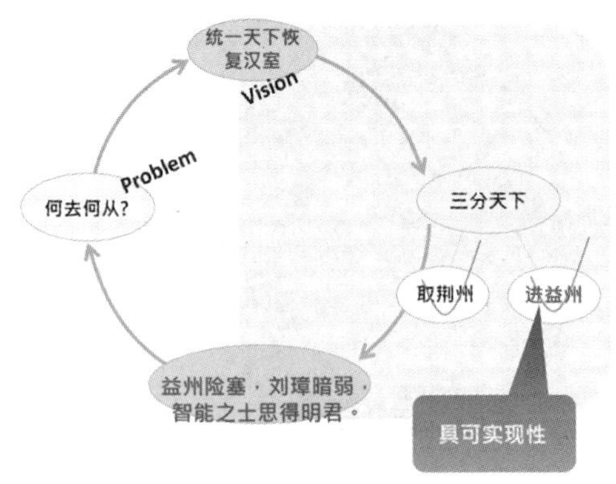

图6-43　创想-3.2照进现实

Step 12. 于是，这个创想 -3 方案“三分天下”，成为可实现计划（Feasible plan），同时也寻觅到了一个实现途径，用来操作这个简单结构：魏、蜀、吴三足鼎立。如图 6-44 所示。

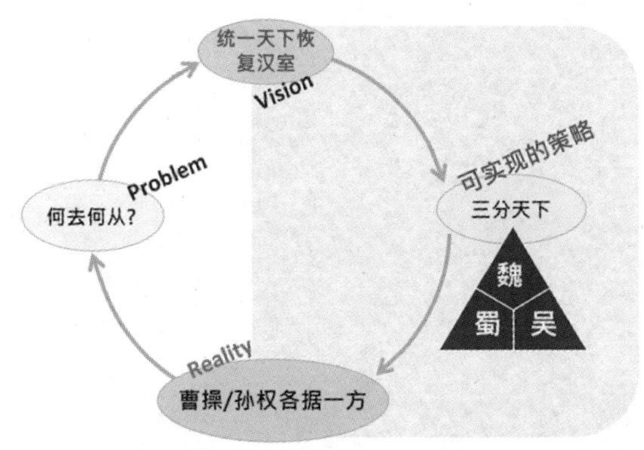

图6-44　可实现途径：三分天下

Step 13. 于是确立了三足鼎立。基于这个简单结构，再加上一项对未来的设想：待天下有变，将荆州之军以向宛、洛，率益州之众出于秦川，便能大展宏图，实现愿景。如图 6-45 所示。

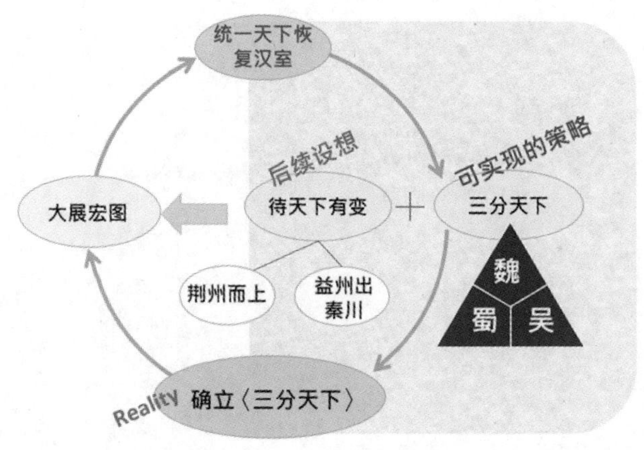

图6-45　对后续设想

尽管最后刘备的大愿景（统一天下）并未成真，但是诸葛亮的小愿景（三足鼎立）却实现了。

第 7 章

经验及直觉的用处：鉴往知来

经验及直觉能促进梦想（愿景）与现实的互动，洞察新机会和新方法，甚至重塑目标（梦想），以便加速圆梦。直觉会根据过去行得通、能奏效的方法和过往的经验来审视所创新的方法、手段和目标，所以称为“鉴往知来”的艺术，而其中的经验，并不一定指个人的经验，还可以包括所有人类的经验。尤其在面对不完整信息时，可以尽量地从周围的环境中萃取信息，来降低风险，提高创造的自信心。

基于直觉的鉴往知来、瞬间洞察特性，能为创新探索进行有效地去芜存菁。鉴往知来和创新探索两种角色，可以由不同人（或团队）来扮演，两者协同合作。这样人人都可以善用别人的专业直觉来激发更多的创新和创造。

7.1　鉴往知来的艺术

在许多领域里，人们总会累积经验，归纳出一些规律和模式，存于记忆之中。遇到似曾相识的情境时，在电光石火的一瞬间，不需有意识的思考，就能及时提出直觉性的洞察。当我们面对不确定情况时，最迫切需要直觉，包括在创意性思考时，也需要经验及直觉来协助去芜存菁，促进梦想（愿景）与现实的互动，洞察新机会和新方法，甚至重塑目标（梦想），加速圆梦。

直觉会根据过去行得通、能奏效的方法和过往的经验来审视所创新的方法、手段和目标，所以称为鉴往知来的艺术，而其中的经验，并不一定指个人的经验，还可以包括所有人类的经验。尤其面对不完整信息时，可以尽量地从周围的信息中萃取洞察，来降低风险，提高创造的自信心。

由于直觉是瞬间出现的，而非有意识的思考所及，所以人们并不知自己是如何做出直觉判断的，因而这种源自于经验的直觉思维（Heuristics），就具有了些许的神秘感和艺术感。

7.1.1 直觉的特性

源自经验的直觉思维的瞬间判断是很有用的，也是生活中不可或缺的。直觉常常融合专业的知识和经验，这通称为专家直觉。我们每个人每天都会有许多次在做专家直觉的判断或决策。例如开车时，旁边车道的汽车驾驶员有一些细微的行为，我们可能不自觉地判断出他是一个危险的开车者，就马上作出回避反应。

所以，一个人凭借他的专业经验，可以瞬间辨识出情境，首先浮现在他心头的解决方法，经常会是正确的。它的重要用处之一，就是警告人们出了问题。即使还不知道问题在哪里，只要本能地发出恐惧或忧虑的信号，就能提高警觉，因为早在意识知觉到达之前，直觉就已经先感受到了。这是直觉的优点。

然而，直觉常常会有偏见，因而会产生误判的情形。例如，一家百货公司上午发广告传单给一位男士，上面写道：今天中午在百货公司的广场举行泳装选美大会。这位男士在吃完午餐后，匆匆忙忙赶去百货广场，才发现这是一场男士泳装选美大会，他很失望地离开了。这是直觉的缺点。

7.1.2 善用专家直觉

刚才提到了，直觉以经验为基础，但是空有经验还不够，把它融合转化成为专业知识，才能发挥效用。经验并非仅指个人的经验，而是包括所有人类的经验。因此，不仅可以用自己个人的专家直觉，而且可以用别人的专家直觉。例如，许多外科医生发现，以直觉来检查自己的决策，常常会发挥很大的作用。有些外科医生在手术前会先和同事讨论病例，其实我们也可以在做决策前让客观的第三者凭直觉检查自己的方案。同样地，在进行前面各章所介绍的以终为始的思维模式和“创意爱上限制”的创新过程中，也可以用别人的专家直觉来做去芜存菁的活动，协助我们在脑海中迅速浮现可奏效的创意方案，甚至发现新的目标。

反过来，上述以终为始的思维模式和因果性逻辑的推理过程恰恰能有效地寻找证据，以避免直觉的偏见导致误判的情形。

因此，“直觉快思”与“理智慢想”两者之间的互补与均衡，将带来源源不断的创新，并大幅提升其可实现性。因为创意也需要接地气。

7.1.3 登山者 / 夏尔巴人的协同模式

刚才提到了，经验包括所有人类的经验，可以尽量运用别人的专家直觉来对自己的创新进行去芜存菁。于是，鉴往知来和创新探索两种角色，可以由不同的人（或团队）来扮演，两者互相较量也协同合作，这样能大幅降低创新的风险，因而提升创新者的自信心。

在许多场域里，这两者的组合常常是很成功的，尤其是不确定性高、变化度很大的场域，最典型的是战争、政治等场域。所以刘邦旁边需要张良，刘备旁边需要诸葛亮等人物，都是这样的搭配。至于现在的不确定性场域，就是创业、创新、金融股市等。

为了让大家更容易领会这种非常有益于创新活动的协同模式，我们特别称之为登山者 / 夏尔巴人的协同模式。在下一节（7.2）里，将来演练这种协同合作的模式。

7.2　登山者/夏尔巴人协同模式

举一个假设性的例子，有一位登山者，他准备（半年后）在 12 月份登上世界最高峰——珠穆朗玛峰（以下简称珠峰）。那么他应该怎样去实现这个计划呢?

7.2.1 登山者的愿景

在前几章里，已经演练过了以终为始的思维模式。在本节里，我们继续采用这样的模式，在海报纸上画出终点与起点。如图 7-1 所示。

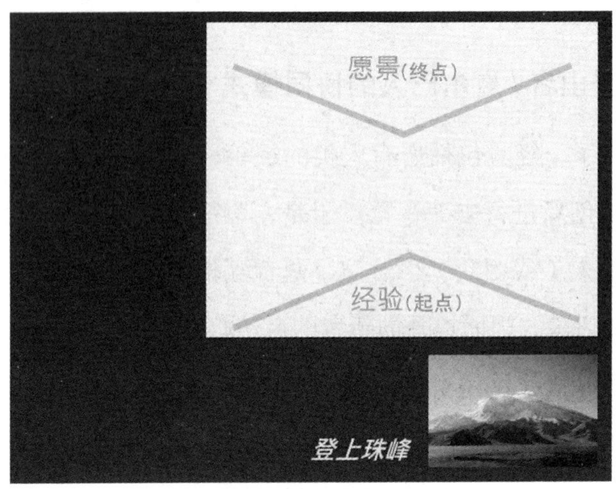

图7-1　依循以终为始的思维模式

先想终点，并且贴上便利贴，写上登山者的愿景：冬季登上珠峰。如图 7-2 所示。

图7-2　贴上登山者的愿景

7.2.2 开始展现创意与探索

接着，学生发挥想象力，展开创意，即使是莫名其妙的想法，也都欢迎。例如，有一位学生贴上了一张便利贴：从南侧而上。如图 7-3

所示。

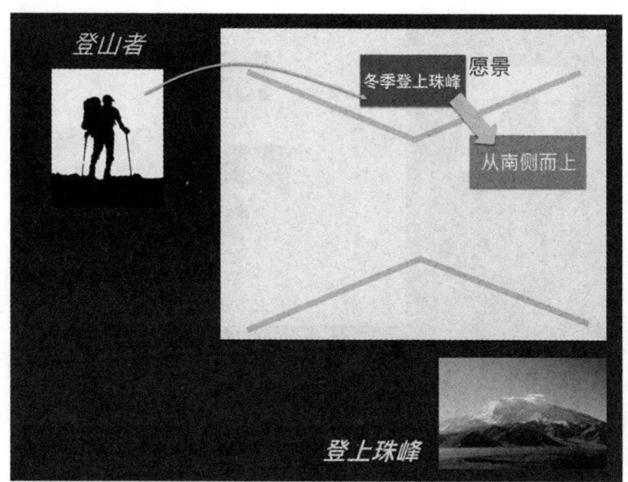

图7–3　贴上创意（登山路线）

教师尽量引导学生发挥更大的想象力，寻找有哪些途径可以通往终点。例如，学生贴出了更多的想法，来与大家分享。如图 7–4 所示。

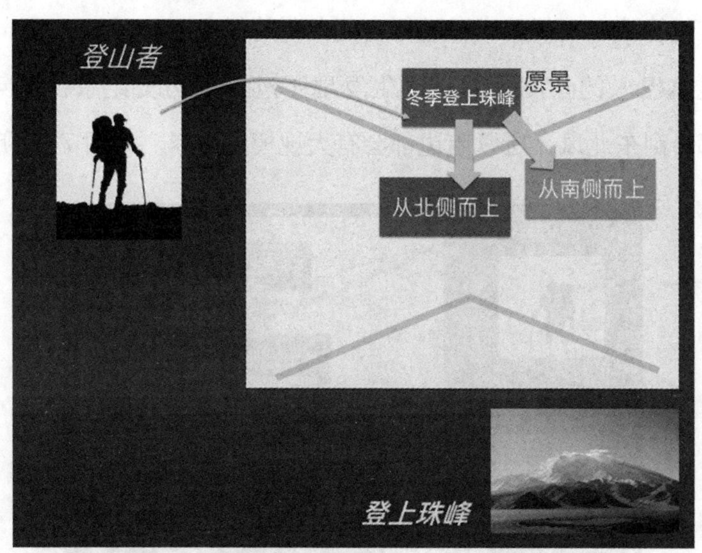

图7–4　踊跃表达各人的创意

学生从登山者的角度，各自去探索各条路线的特性，并且写在便利贴上，与大家分享，如图 7-5 所示。

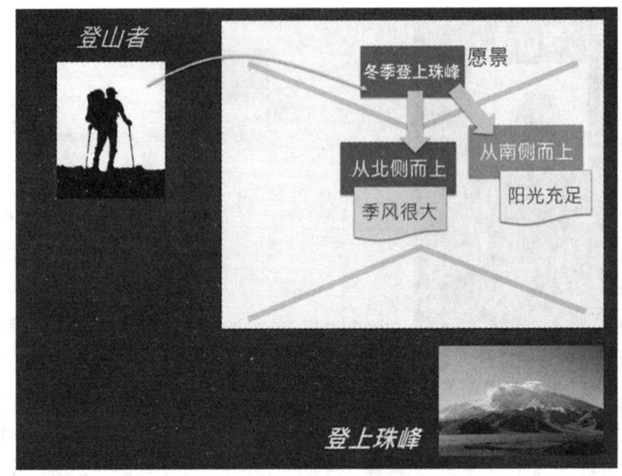

图7-5　探索各路径的特性

7.2.3 鉴往知来：夏尔巴人的专业直觉

现在，学生变换角色，改为从向导的角度，基于夏尔巴人对珠峰的了解和丰富的经验，来帮登山者进行去芜存菁的任务。

从夏尔巴人的角度来看，学生发现了过去的历史纪录：每年到了十月份，都会刮东北风，所以南边都会有大规模的雪崩。如图 7-6 所示。

图7-6　改为以向导的角色来思考

这时候就告诉登山者：那里有一个非常高的风险，不应该往那边走。如图 7-7 所示。

图7-7　删除这条路径

接下来，可进一步探索“从北侧而上”的途径。结果学生观察到：这一条路径是“OK”的。即可以通过这条路径在冬季登上珠峰，愿景终于实现了。如图 7-8 所示。

图7-8　继续深入探索

7.3 团队演练：成吉思汗与神鹰的故事

7.3.1 传说中的故事

传说，成吉思汗出行时常常带着他最喜爱的神鹰。有一天，在沙漠中行军，中途成吉思汗离开队伍，单独去打猎。到了中午时分，口干舌燥，沙漠中找不到水喝，他就选择了一条山路，在峡谷中穿行。如图 7-9。

图7-9 峡谷穿行

好不容易看到有山泉，水从岩石缝隙滴下。他非常高兴，拿着杯子去接那慢慢滴下的山泉水。他接满了一杯水，正准备一饮而尽。这时在天空中飞翔的神鹰突然飞扑下来，“嗖”的一声，把成吉思汗手中的杯子打翻了，水全部洒在地上。如图 7-10。

图7–10　神鹰打翻杯子

成吉思汗捡起那个杯子，又去盛接山泉水，这时神鹰又俯冲下来，再一次打翻了杯子。成吉思汗又连续接了两次山泉水，神鹰都把他手里的杯子打翻了。成吉思汗气急败坏，想赶走神鹰，就用身上的弓箭射向了捣蛋的神鹰。想不到，竟然射中了神鹰，它惨叫一声从空中掉下来，落在峭壁上死掉了。如图 7–11。

图7–11　神鹰掉落

成吉思汗也心疼神鹰，就沿陡峭的石壁爬上去，看到神鹰掉落在地上，也赫然看到水池里躺着一条粗大的剧毒死蛇。成吉思汗突然愣住了，然后懊恼不已，大声喊道：“神鹰，你救了我的命呀！”

7.3.2 准备海报纸和便利贴

现在，教师把准备好的海报纸贴在墙壁上，并贴上便利贴，标示上方是终点，下方是起点，如图 7-12 所示。

图7-12　起点与终点

7.3.3 贴上（成吉思汗的）问题

然后，教师问学生：成吉思汗的问题是什么呢？学生回答：口干舌燥，沙漠中找不到水喝。如图 7-13 所示。

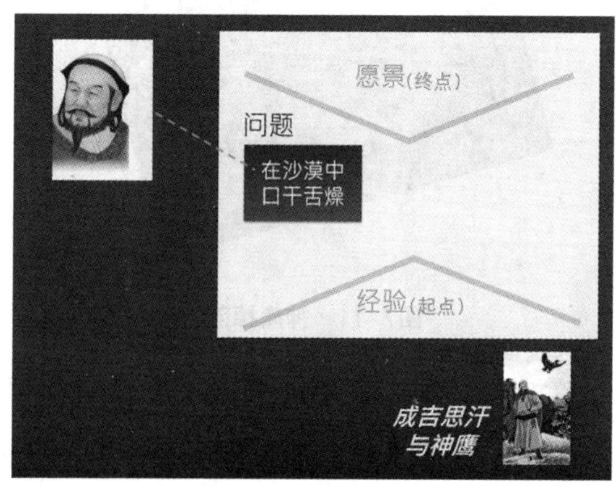

图7-13　提出问题

7.3.4 贴上（成吉思汗）的愿景

这时候，基于这个问题，学生很容易联想到成吉思汗的期待（愿景）：能有清凉的水来解渴。如图 7-14 所示。

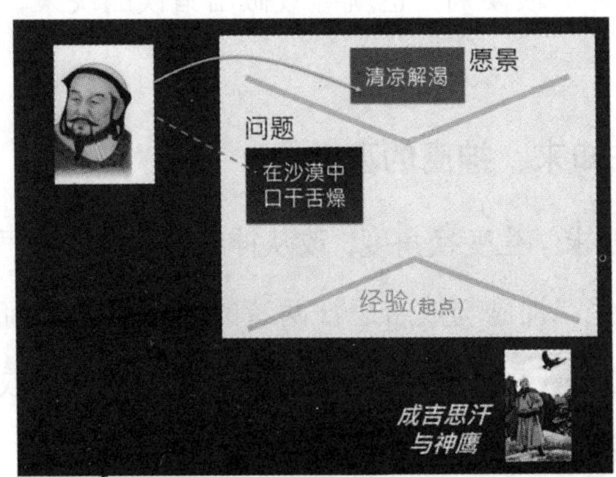

图7-14　从终点出发

7.3.5 展现创意与探索

接着，教师让学生从成吉思汗的角色，来提出成吉思汗可能发生的行为。有一位学生提出了：看到有水，他（成吉思汗）会很高兴，拿着杯子去盛接那山泉水，并一饮而尽。就在便利贴上写了：从峭壁上接水来喝。如图 7-15 所示。

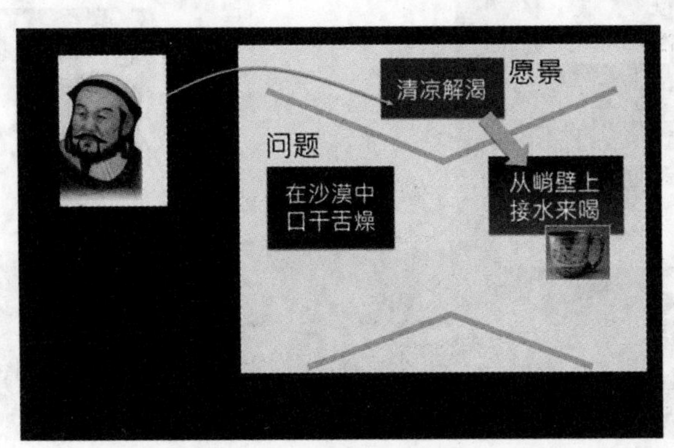

图7-15　展现创意与探索

教师就问学生：他（成吉思汗）为什么会这样做呢？有一位学生说：他不知道那水是有毒的。另一位学生说，基于他过去的经验和直觉，不假思索就认为水是可以喝的。教师也说道，基于经验的直觉，常常会有这样的偏见，进而成为一项误判，也就导致做出错误的决策，并准备采取（错误的）行动。

7.3.6 鉴往知来：神鹰的直觉

现在，教师要求学生变换角度，改从神鹰的视角，来思考上述的情境。接着，教师问学生：神鹰与成吉思汗两者的经验直觉有何不同呢？有一位学生说：虽然两方处于同一个环境里，但居于不同视角而取得不同的信息，就可能会影响其判断和决策。

教师解释，成吉思汗从地面上的视角，没看到峭壁上水池里的毒蛇。所以他心中做了鉴往知来的推理：这水是可以喝的。此时，神鹰基于空中的视角，多观察到一项事实数据：池塘里有一条死毒蛇。因而也做了鉴往知来的推理：水有毒，不能喝。

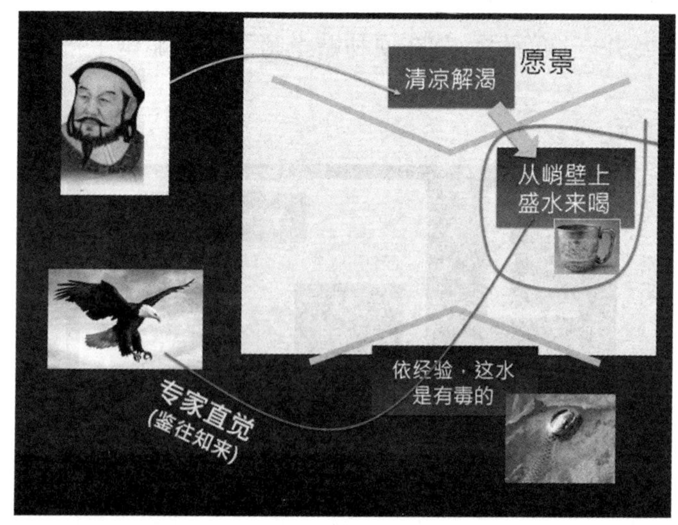

图7-16　鉴往知来

7.3.7 双方的较量（对抗）

双方都鉴往知来，各在心中形成直觉性的假设（Assumption），以支撑不假思索的判断。例如，神鹰观察到，池塘里有一条死毒蛇。结合它的经验，心中有一项直觉性的假设：水是有毒的。于是采取了行动，把水杯打翻了，以解除成吉思汗的危险。

此时，成吉思汗心中有一项直觉性的假设：这水是可以喝的。成吉思汗把这假设当成事实，就衍生出第二项假设：神鹰存心捣蛋，与我作对。他把第二项假设当成事实，形成偏见，激起心中的不满而产生误判，做了错误决策，并采取行动，拿起弓箭射向神鹰。如图 7-17 所示。

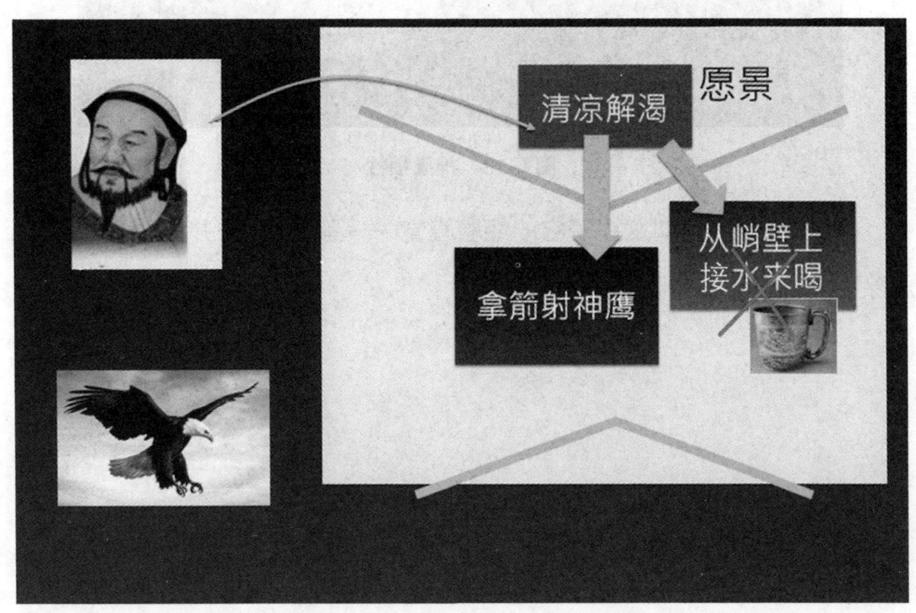

图7-17　直觉形成的偏见产生误判

上述的直觉性假设，又称为不自觉的假设（Unconscious Assumption）。

7.3.8 神鹰牺牲了

由于偏见和误判，成吉思汗做了错误决策，采取了灾难性的行动：把神鹰射杀了。如图 7-18 所示。

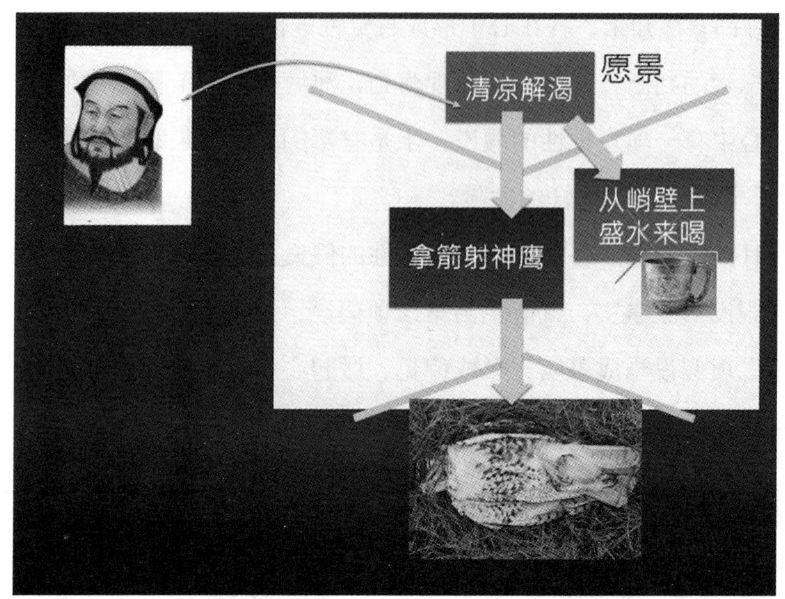

图7-18　神鹰牺牲

虽然神鹰死了，却发挥了它的经验直觉——鉴往知来，并实时采取行动，解除了成吉思汗的危险。

第 8 章

探索与直觉的平衡：快思慢想

★ 8.1　快节奏的年代，需要慢功夫

★ 8.2　快思与慢想的平衡

★ 8.3　团队演练：创新年代的学习之路

★ 8.4　说文解字：容易

专业直觉大多源自经验，大跨度的联想和探索却需要超越经验，同时需要经验来协助去芜存菁。所以，探索与直觉的平衡，最能激发源源不绝的创新力。

在上一章里已经说明了，专业知识和经验需要长时间的学习和积累，才能淬炼出直觉和洞察力，我们称为“慢学快思”的学习模式。在本章里，则要阐述探索所需要的“慢想快学”学习模式，并力求两者平衡，以便做出更缜密的创意发想。

8.1　快节奏的年代，需要慢功夫

第 7 章介绍了，专家直觉提供不费力、不费时的捷思，又称为快思。本章则要说明孵化创意所需要的沉思空间，称为慢想。人们生活的节奏愈来愈快，但也失去更多缓慢、沉思的空间，所以更需要慢想，来练就深度思考力，孕育更多创意。

8.1.1 慢想力

文学家艾默生曾说：每天都留一段“可以在小河边静静思考”的时间。因为人们的生活中，常常是由直觉来主导，动不动就问某件事能不能做到，而没有从容的时间来思考该不该做。也就是说，以终为始的思维模式，需要慢想力来支撑，来深入思考自己到底在做什么，要往哪里去（思考终点）。

直觉性的快思，既不费时也不费力，不需耗费我们的注意力。然而，慢想力则需要耗用人们的注意力，去做深度思考。尤其在如今的数字年代，人们仰赖互联网互通信息，培养了快速反应的文化，这正逐渐啃食人们的专注力，大幅降低思考质量，阻碍缜密的创意发想。

为了助长大跨度联想和原创思考，我们需要更丰富的慢想力，因为从容、专注和好奇心是想象与原创力的核心。

8.1.2 慢想快学

前面几章介绍了以终为始和去芜存菁的思维模式，这些都可以提升我们的深度思考能力，从而丰富慢想力。这一过程会引导我们发现，人们需要一些新事物，甚至所有人类都还不知道的事物（Unknown），继而努力去快速学习这些新事物（Know Unknown），然后与既有的知识整合起来，串成一条从起点通往终点的可行之路。例如，爱因斯坦本钻研于物理学领域，但为了阐明他的广义相对论，他自学了一个他未知的数学领域（Know Unknown），这一领域与他擅长的黎曼几何并没有什么明显关联，这称为慢想快学的学习模式，或称为慢思快学模式。

8.1.3 慢学快思

与慢思快学互补的就是慢学快思学习模式。它支撑了在上一章（第 7 章）里所介绍的“鉴往知来”。只有通过长时间地学习、积累专业知识和经验，才能淬炼出直觉来提供瞬间洞察力。学习时间长，但需要时则不假思索地快捷思考，既不费时也不费力，我们将之称为慢学快思学习模式。

8.1.4 两者均衡发展、相辅相成

一般而言，我们比较熟悉慢学快思学习模式。例如，宋朝的苏东坡是非常有名的大人物，他的学问非常好，那么他的学问是怎么得来的呢？他讲到要“博观而约取，厚积而薄发”。也就是需要很长的时间去学习（博观和厚积），学成了之后，即可展现快思了。如古代的科举考试，考试内容需要在一两天的时间内迅速表现出来。也就是俗语常说的：“十年寒窗无人问，一举成名天下知。”

由于大家比较熟悉慢学快思学习模式，本书就更着重于培养慢学快思的习惯和能力，其目的是力求达到直觉快思与理智慢想两者的互补与均衡，这将带来源源不绝的创新，并大幅提升其可实现性，让创意更接地气。

8.2　快思与慢想的平衡

在第 7 章里，我们曾经演练过登山者 / 夏尔巴人模式，也看到了他们的美好组合能降低探索风险，提升创造的自信心。而且两者在较量智慧的过程中，双方愈平衡互补，其效果愈好。反之，在成吉思汗与神鹰的演练范例里，可以看到两者互补但是并不平衡，虽然救了成吉思汗的性命，却牺牲了神鹰。

为了达到平衡，就需要知道如何学习来提升快思或慢想能力。上一节已经说明了快思必须依赖长时间的学习，就称为慢学快思学习途径。同样地，慢思则要搭配快学，迅速探索和学习未知的新事物，并有效地进行去芜存菁。

慢想提供创想筑梦的空间，酝酿创意就如同筑建空中楼阁。快思提供去芜存菁的洞察力，映射到现实，就如同建造地基一样，只要让两者衔接起来，创意就不再是“空中楼阁”了。

在本书的第 2 章里，曾经提到过，美国大文豪梭罗（即《瓦尔登湖》一书作者）所说的：如果你已经建好了空中楼阁，那么也无须毁弃它们，它们本来就应该在那里。现在，在它们下面建造地基吧！（If you have built castles in the air, there is no need to destroy them, they would have been there. Now, build the foundations under them！）

现在，再拿起便利贴，贴在海报纸上，如图 8-1 所示。

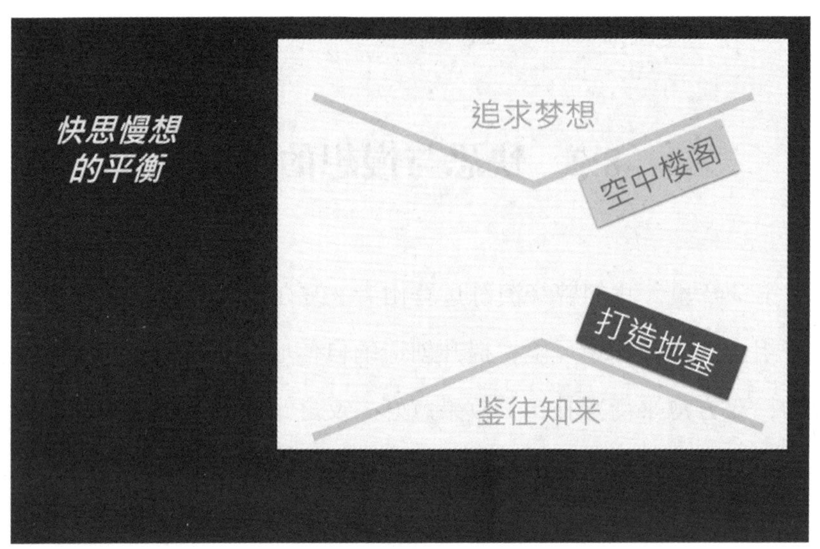

图8-1　楼阁与地基

然后，再贴上一张便利贴，写上：平衡相依。如图 8-2 所示。

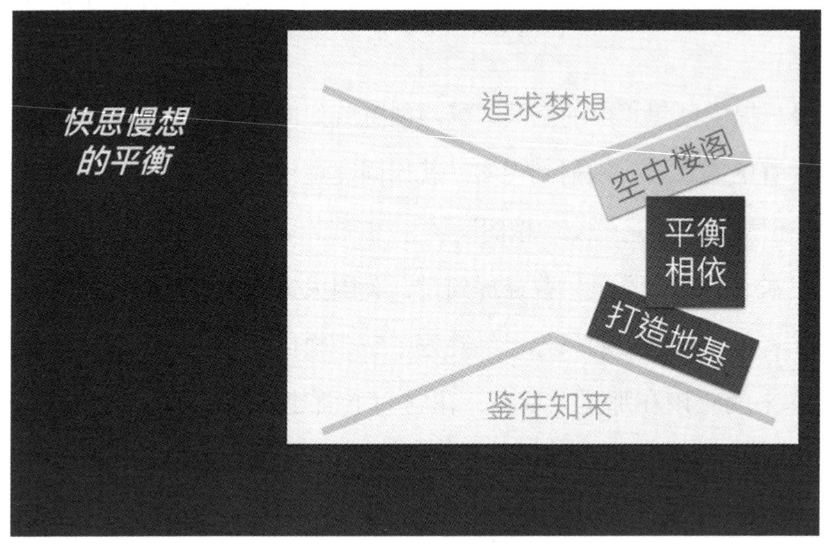

图8-2　两者平衡相依

两者平衡相依是目标（愿景），也就是终点。现在，教师就引导学生遵循以终为始的思维模式，展开创意，即使是莫名其妙的想法，也都欢迎。

大家一起来探索如何迈向这个终点。如图 8-3 所示。

图8-3　愿景（终点）：两者平衡相依

教师尽量引导学生发挥更大的想象力，寻找有哪些途径可以通往终点。例如，一位学生贴出了新的想法：借用别人的经验直觉。如图 8-4 所示。

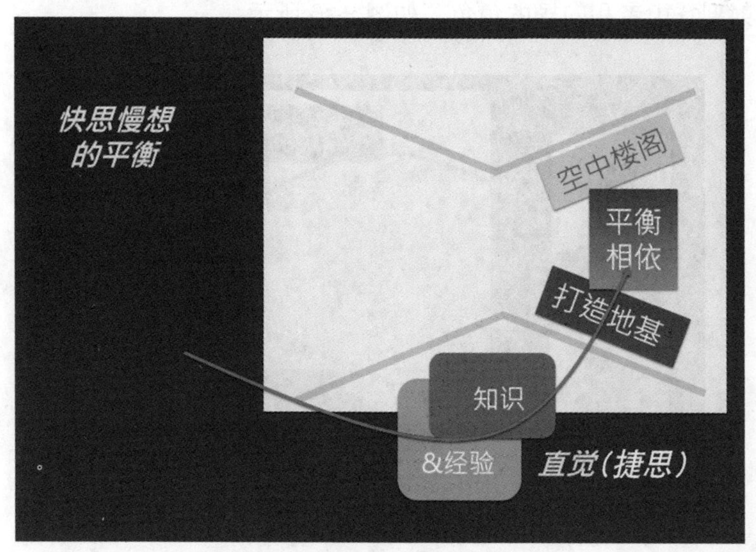

图8-4　善用别人的专业直觉

此时，有一位学生也贴上便利贴，写道：大胆创新与慢想。如图 8-5 所示。

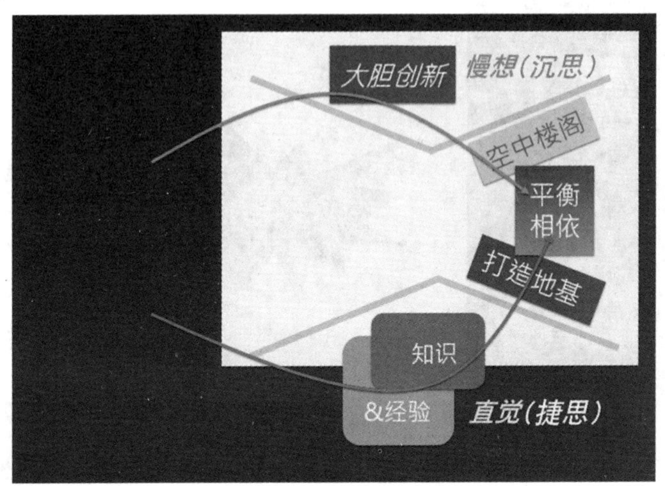

图8-5　大胆探索与创新

接下来，学生继续讨论，把上述的“大胆创新”映射到现实世界里的角色；把上述的“经验直觉”也映射到现实世界里的角色。例如，有一位学生映射到登山者和向导的角色，如图 8-6 所示。

图8-6　映射到现实中的角色（一）

另有一位学生则映射到成吉思汗和神鹰的角色，如图 8-7 所示。

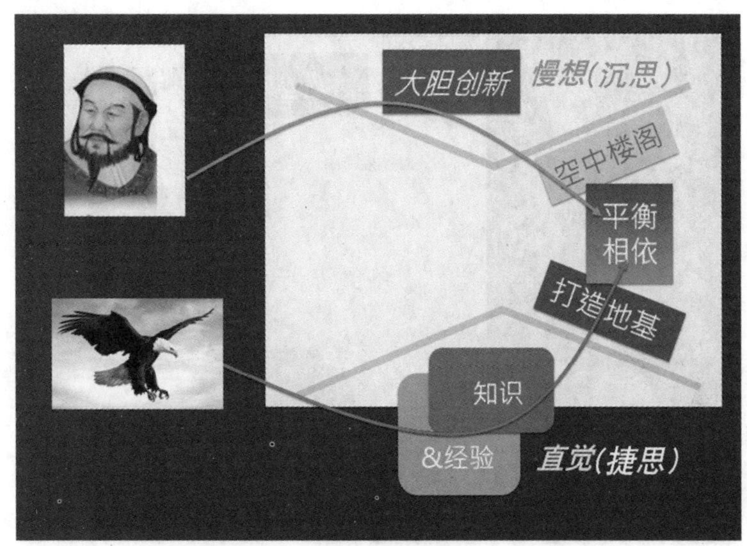

图8-7　映射到现实中的角色（二）

第三位学生则映射到“AlphaGo Zero”和“AlphaGo”的角色，如图 8-8 所示。

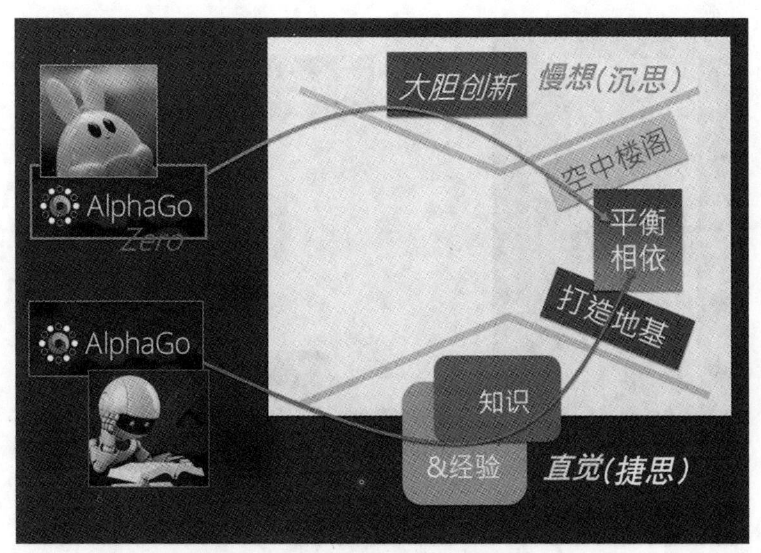

图8-8　映射到现实中的角色（三）

第四位学生则映射到我和 AlphaGo 的角色，如图 8-9 所示。

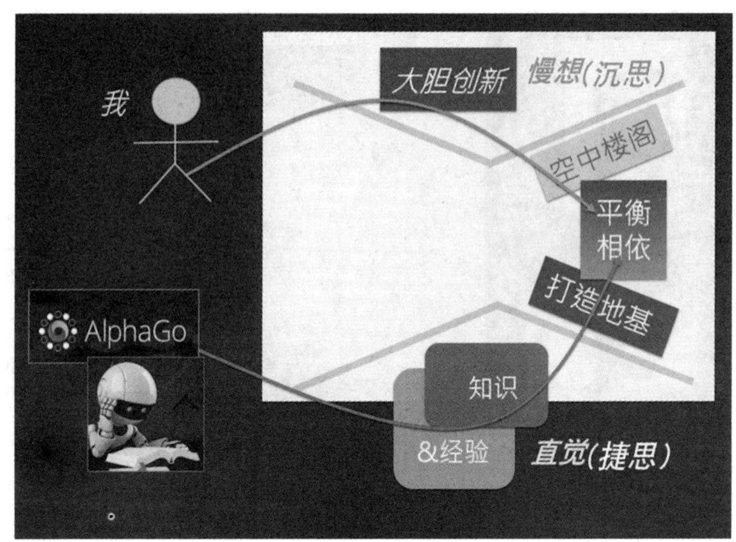

图8-9　映射到现实中的角色（四）

第五位学生则映射到两位历史上赫赫有名的大人物诸葛亮和苏东坡的角色，如图 8-10 所示。

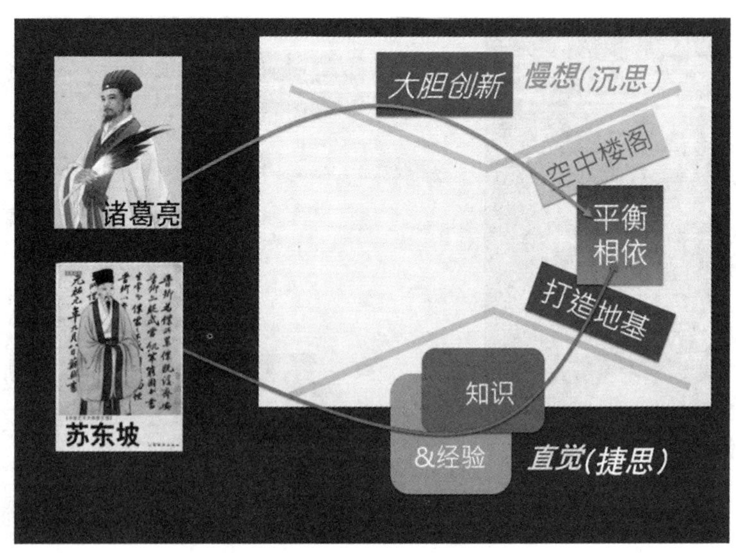

图8-10　映射到现实中的角色（五）

这些都是非常有创意的大跨度联想，一旦这些角色之间都能平衡相依，将会激发出更多的创想，并找出实践之路。

8.3　团队演练：创新年代的学习之路

上一节（8.2）里的图 8-10 中有一个非常有创意的角色组合——诸葛亮和苏东坡组合。诸葛亮流芳千古的代表作就是《隆中对》，而苏东坡最经典的治学方法是“博观而约取，厚积而薄发”。当两者能平衡相依时，整体社会的创新力就会蓬勃涌现出来。

8.3.1 历久长青：慢学快思，厚积薄发

刚才提到了，苏东坡最经典的治学方法是“博观而约取，厚积而薄发”，这是归纳性思维（即慢学快思）的充分写照。如图 8-11 所示。

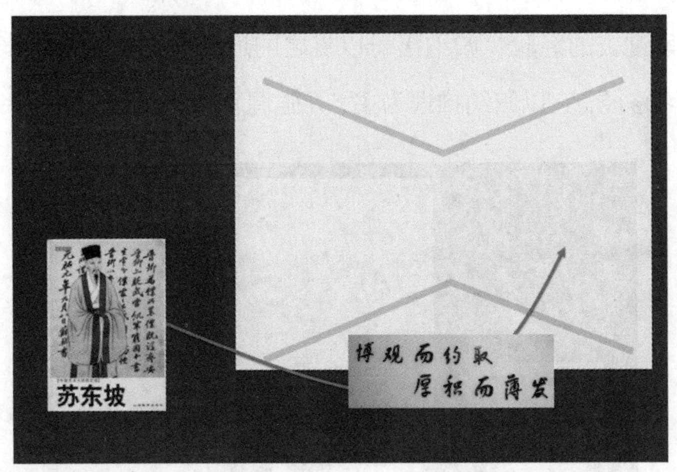

图8-11　逐一地探索

这个方法非常特别的地方就是：学习的速度非常慢。往往要经过多年的努力、厚积，然后才能表现出来。我们都知道，科举就是在很短暂的时间内

（一两天的时间）把才识迅速表现出来，无论是考秀才，还是考进士，都需要用一两天的时间表现出来，但是学习的时间非常长，所以大家常听到“十年寒窗无人问，一举成名天下知”这句话。这就是典型的慢学快思学习路径。如图 8-12 所示。

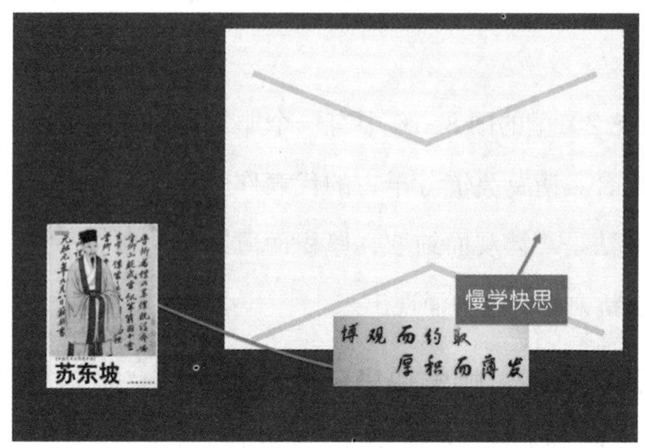

图8-12　逐一地探索

这一条路径的特性是：非常依赖归纳法（Induction）。也就是，它非常强调积累过去的经验，归纳出一以贯之的道理。这是数千年来一直处于主流的学习路径，它以归纳推理为主，并强调真相和实证。如图 8-13 所示。

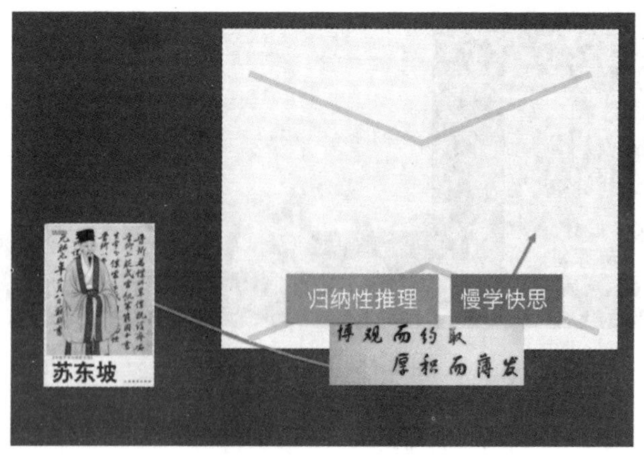

图8-13　逐一地探索

这条路径的特性在于可以将人们培养成为特定行业的专家，拥有很精准的专家直觉（Expert Intuition），并擅长依据过去经验的“因”推论到“果”，也就是鉴往知来的瞬间洞察力。

8.3.2 创新探索：慢想快学；知不知，上

刚才提到了，诸葛亮流芳千古的代表作就是《隆中对》。它是非常典型的溯因性思维（即慢想快学）的杰作。如图 8-14 所示。

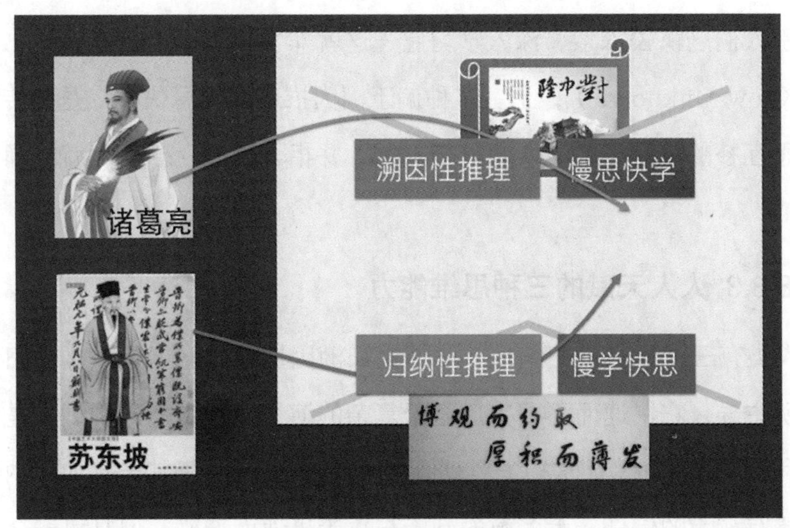

图8-14　逐一地探索

人人生来就有天赋的两种思维能力：一种叫“快思”，另一种叫“慢想”。2002 年诺贝尔奖得主丹尼尔·卡尼曼（Daniel Kahneman）写了一本书《思考，快与慢》。他在书里描述了人们大脑“快思”的局限，即对自己熟知的事物确信不疑，无法确切了解周遭世界的不确定性。人们总是高估自己对世界的了解，尤其回顾以往时，由于后见之明，对有些事会产生莫名的确定感，这使得我们变得太过于自信。

因此，我们需要慢想力和深度思考来弥补这项缺点，这条学习路径就称为慢想快学。此路径的特性在于创想探索与深度思考，然后借助于专家

直觉（鉴往知来）来进行去芜存菁。这条路径比较偏于溯因性（Abductive）推理。刚才提到了，归纳性推理是依据过去经验的“因”来推论到“果”，而溯因性推理则是反过来，从“果”推论到“因”。

慢想（思）就是通过溯因推理来想，其快学并不需要花十年时间去学习，而是依照目标（即梦想或愿景）来指引学习，然后借助于专家直觉（鉴往知来）来映射到现实。这时常常会发现中间有一段落差，需要某些未知的新事物（Unknown）来补足，才能连接到现实（接地气）。于是，就指引人们赶快去探索、深入学习它，这就非常接近于老子所说的：知不知（Know Unknown），上。这种偏于溯因推理的慢思快学，是与传统慢学快思互补的学习路径。两者均衡发展，并相辅相成，创新力就会涌现出来了。

8.3.3 人人天赋的三种思维能力

人类有三种智慧：归纳性、演绎性和溯因性智慧。但是人类被归纳性智慧所主导，它快速而不费力。至于复杂的演绎推理和溯因推理，是比较费时和消耗精力的。通常，一个人的阅历愈丰富，对于其丰富的归纳性智慧就具有愈大的信任，大多数的判断与决策迅速而准确，但是可能会产生偏见和误判（固执己见）。

由于演绎推理和溯因推理需要费时耗力，因而将经验阅历的归纳性知识加以应用，非常迅速且有成效。随着归纳性知识的增长，演绎推理和溯因推理的运用和演练就愈少了，逐渐沉寂而睡着了，甚至连归纳性的领悟运作也变少了，则日常生活变成基于丰富自信的结论性知识，将之迅速运用来获得成效。只是如刚才所提到的，这可能会产生更严重的偏见和误判（固执己见）。例如，在前面第 7 章里曾经介绍了成吉思汗与神鹰的故事，成吉思汗就是因为误判而射杀了心爱的神鹰，懊悔不已。

人类的归纳性智慧，它的思考过程不清晰，所以只产生思考的结论知识，而没有产生思考的过程知识。

除了归纳性智慧之外，还有演绎性智慧。它的思考过程（即逻辑推理）很清晰，能以符号来表达而成为知识。从知识的角度来看，知识内涵扩大了，除了思考的结论知识之外，增添了思考的过程知识。

人类除了上述的归纳性智慧和演绎性智慧之外，还有第三种——溯因性智慧。它是基于假定（Hypothesis）思维体系，对其进行检验、反证的思考过程。溯因性推理的智慧是由观察现象（结果）到原因的猜测推理过程，它沿着现象的特征往回追溯产生该现象之原因，这是除了演绎性推理、归纳性推理之外的第三种逻辑推理方法。运用这种方法去猜测现象的可能原因，受逻辑规则制约的程度较小，具有高度的灵活性，是一种颇具创造性的推理方法。

8.4　说文解字：容易

在第 6 章里，已经介绍过“序中有乱”。其表示我们通过“简单”来驾驭复杂多变，让事物变得井然有序。所以，变得井然有序是目的，而采取的手段是“简单”。

于是，教师就可以问学生：我们该如何得到“简单”呢？只要有办法得到“简单”，就可以通过该“简单”来驾驭复杂，让其恢复井然有序。这与人们的思维习惯有密切关系。例如，偏于慢思快学思维习惯者与偏于慢学快思思维习惯者，其寻觅“简单”的路径并不相同。其中的奥秘，蕴藏于汉字“容易”的含义里。

8.4.1 使用便利贴来分享大家的想法：以信纸为例

在前面各章里，已经演练过了以终为始的思维模式。在本节里，就继续采用这样的思维模式，在海报纸上画出终点与起点，然后观察现实的不完美之处。

由于商业日益发达，人们的交流也日益频繁，尤其是用于书信往来的信纸百花齐放，其形式日趋多样化。如图 8-15 所示。

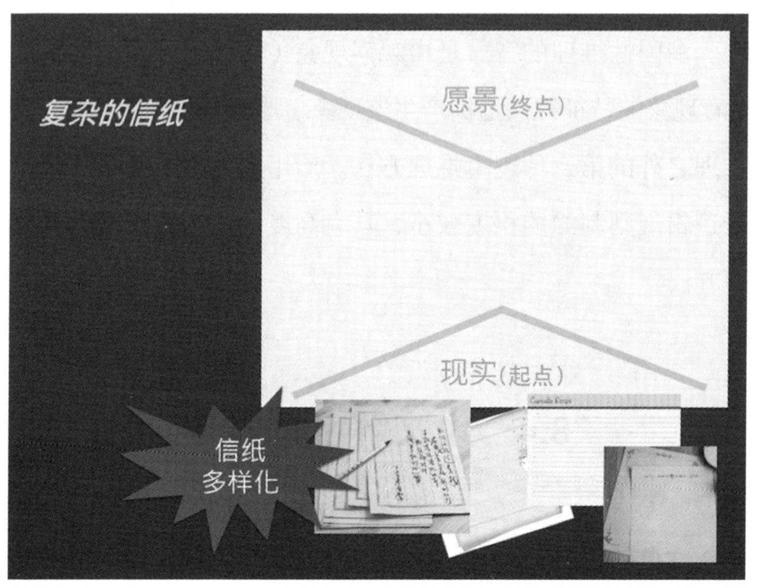

图8-15　叙述现实

因而，在邮局里，书信的分类和递送等管理工作变得费时且困难。于是教师在便利贴上写了问题，如图 8-16 所示。

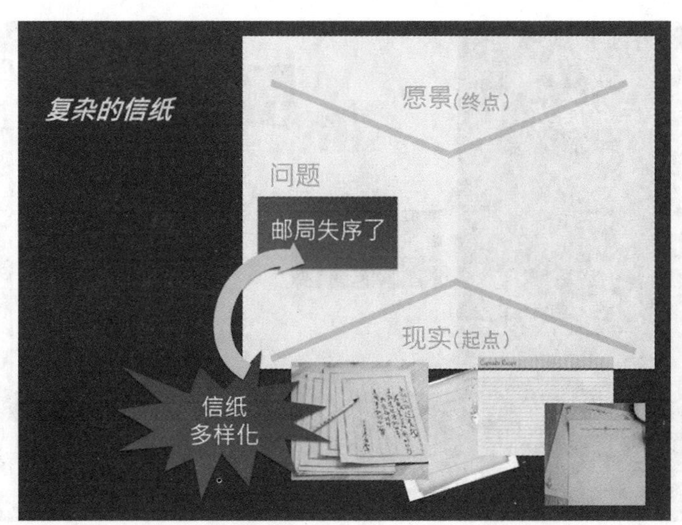

图8-16　贴上问题

接着，想象问题化解之后的愿景，教师在便利贴上写了：简单有序。如图 8-17 所示。

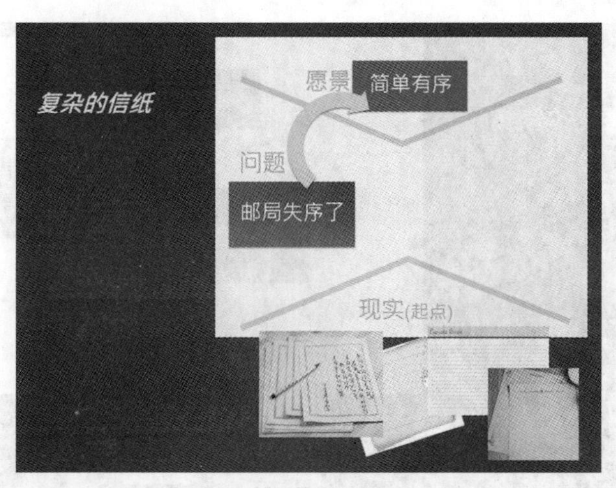

图8-17　贴上愿景

基于这个愿景，学生开始互相交流，激发出更别出心裁的想法，再自主地走到海报纸前，把想法写在便利贴上，并贴上去。此时，有一位学生走到海报纸前，贴上自己的方案。如图 8-18 所示。

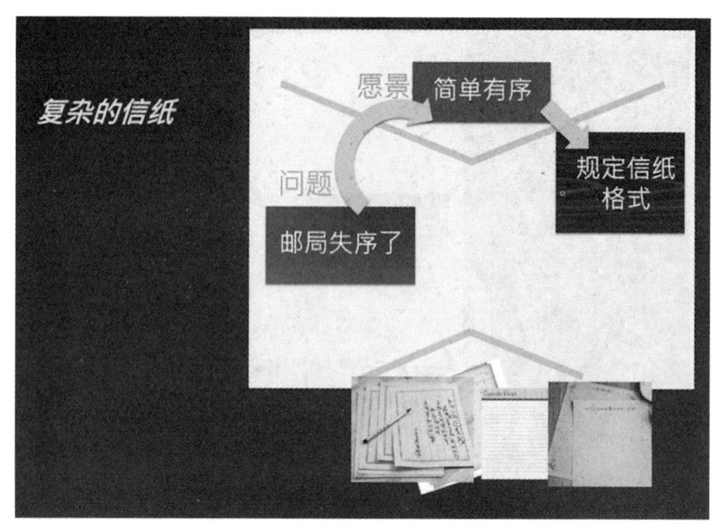

图8-18 展开创意，并分享

教师尽量引导学生发挥更大的想象力，寻找有哪些途径可以通往终点。例如，学生贴出了更多的想法，来与大家分享。如图 8-19 所示。

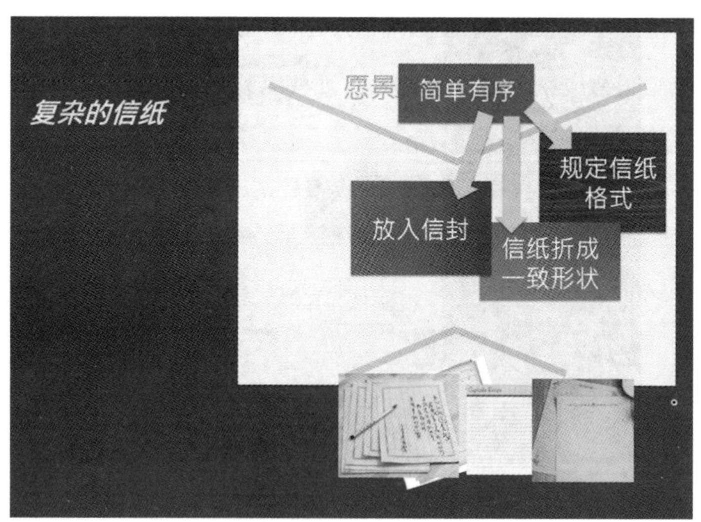

图8-19 分享更多创意

教师引导学生一起探索和讨论这些想法，然后发现这三项途径都能得到“简单”。如图 8-20 所示。

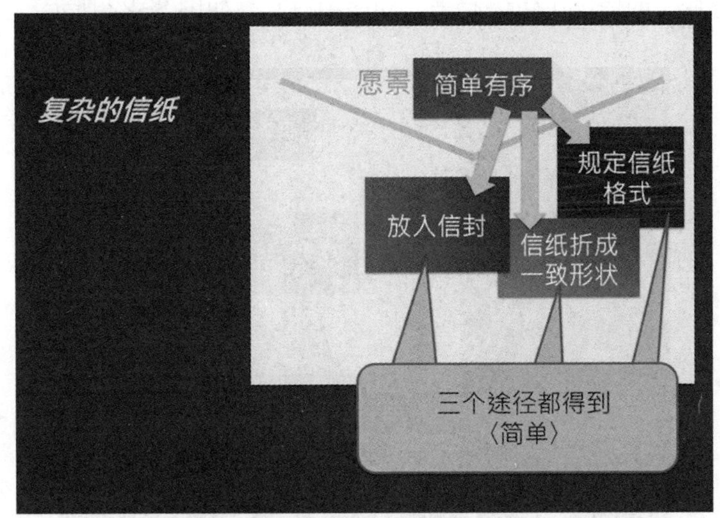

图8-20　深入探索和学习

其中的“规定信纸格式”和“信纸折成一致形式”，这两者都是针对信纸，从多变化（乱）的信纸中，创造出“简单”（序），即乱中有序。如图 8-21 所示。

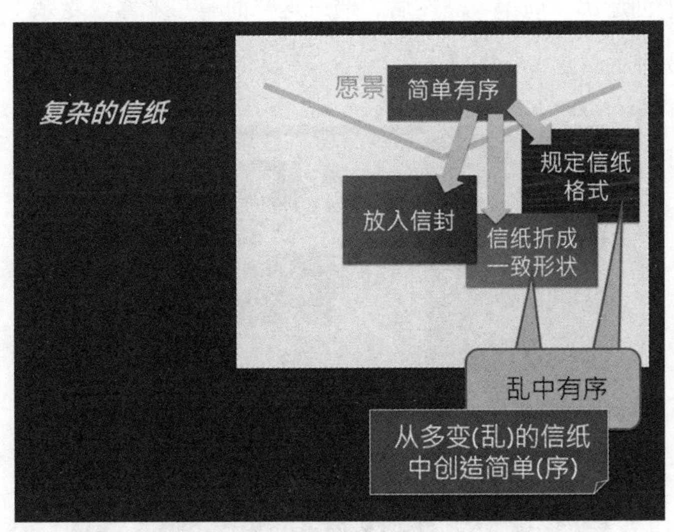

图8-21　乱中有序

至于另一项“放入信封”，则是通过联想力，找到一种容器（信封），把复杂善变（的信纸）包装起来，即序中有乱。如图 8-22 所示。

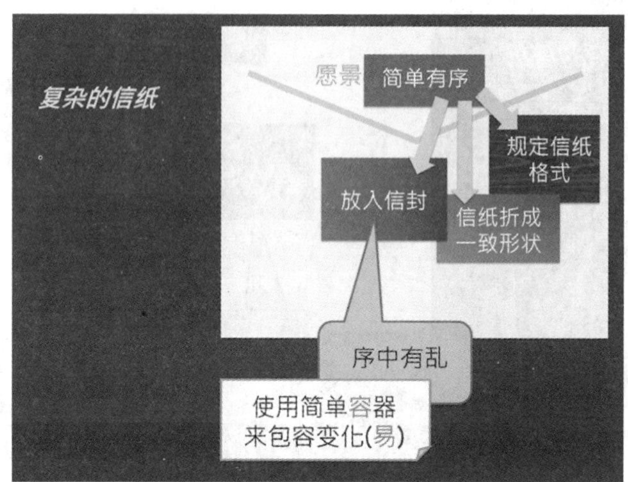

图8-22　序中有乱

汉语中的“易”字，其含义是变化（Change）。而“容易”的含义是包容变化（Accommodate change），即容易型简单。其意味着以“容易”为手段，来创造出“简单”。然后，通过这“简单”来驾驭复杂（多变化）。如图 8-23 所示。

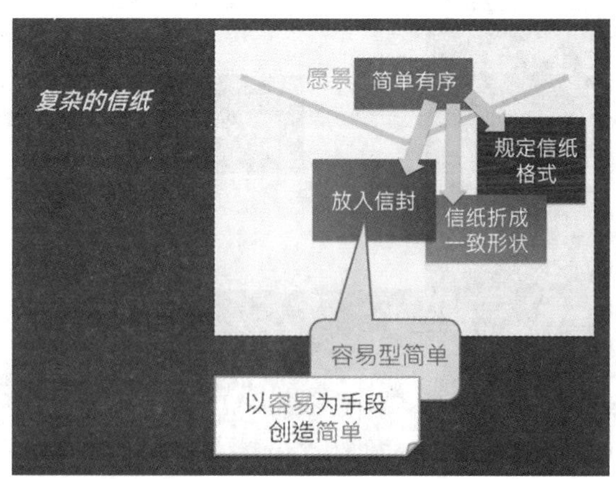

图8-23　容易是手段，简单是目的

相对的，乱中有序又称为抽象型简单，其意味着从多变化（乱）的信纸中，抽象出“简单”（序）。然后，通过这“简单”来驾驭复杂（多变化）。如图 8-24 所示。

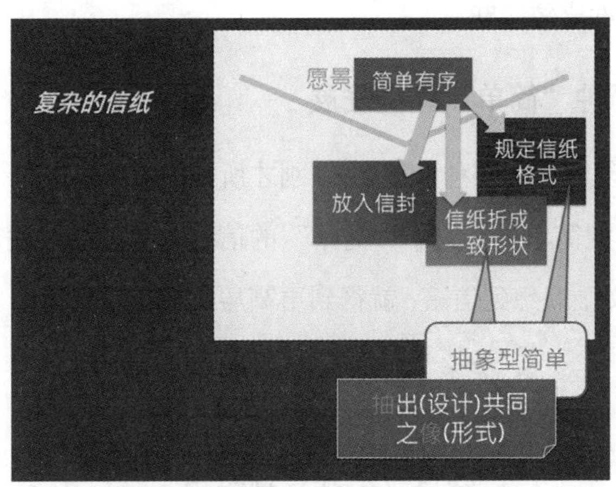

图8-24　抽象是手段，“简单”是目的

8.4.2 如何加强获得“简单”的能力

人人都知道，当面对复杂（多变）时，只要能得到“简单”，就可以通过“简单”来驾驭复杂了。然而每一个人寻觅“简单”的途径常常各不相同，它与人们的思维习惯有密切关系。如图 8-25 所示。

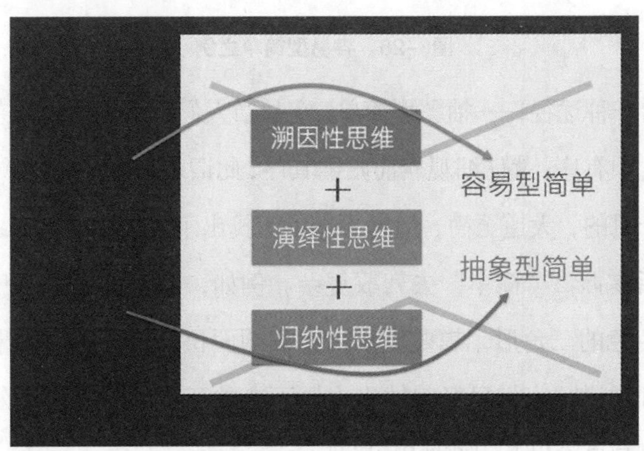

图8-25　与思维习惯息息相关

例如，习惯于寻觅抽象型简单的人们，因常用归纳性推理，所以归纳性思维比较活跃。反之，习惯于寻觅容易型简单的人们，因常用溯因性推理，所以溯因性思维比较活跃。

8.4.3 两种“简单”均衡发展

在这里先复习一下两种“简单”。刚才所举的信纸范例里，联想到信封，就创造出容易型简单了。有了“简单”的信封，可以继续联想到比信封更大的容器。例如，联想到信箱，就得到更高层级的容易型简单了。如图 8-26 所示。

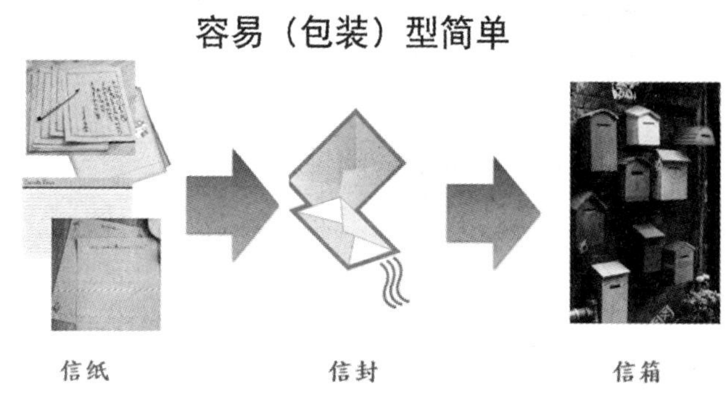

图8-26　容易型简单之例

至于另一种途径——抽象型简单，它是当人们面对事物的复杂多变时，内心相信乱中有序，就仔细观察而归纳其序，此谓之“道”。所以常常有人说，道理都是一贯的，大道至简，道是不变的。找出了恒久不变之道，得到“简单”，然后掌握该“简单”去驾驭复杂。例如，在学校里学习几何学时，看到形形色色的三角形，想要计算出它们的面积，一开始学得十分复杂。后来，教师说道：人们已经归纳出永恒不变的三角形面积计算公式是面积等于底乘以高再除以 2，如图 8-27 所示。

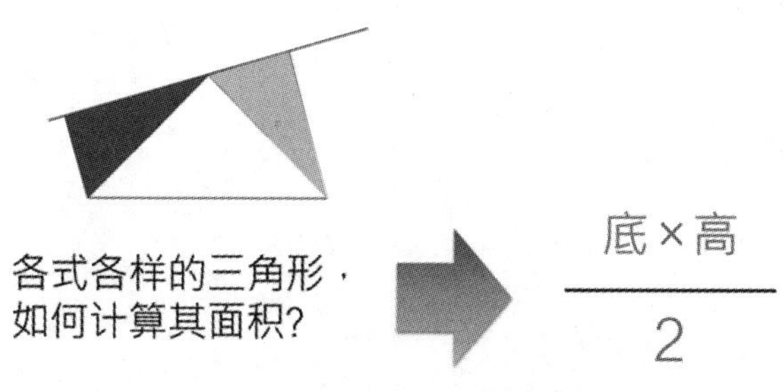

图8–27　抽象型简单之例

因为已经获得“简单”，可以去驾驭该复杂了。于是，心中立即觉得一切都不再复杂了。简而言之，面对复杂，唯有“简单”。“简单”之源有二：

一则来自观察、归纳、抽象，通称为抽象型简单。

二则来自联想、设计、创造，通称为容易型简单。

例如，在远古时代人们面对复杂的天地万物之变化，创造出简单的太极图，无极是（容）器，阴阳两仪则是“善变”（易）。所以太极也是容易型简单，然后再基于“简单”而创造出形形色色的方法（如卜卦），来理解和驾驭复杂（如避凶趋吉）。如图 8-28 所示。

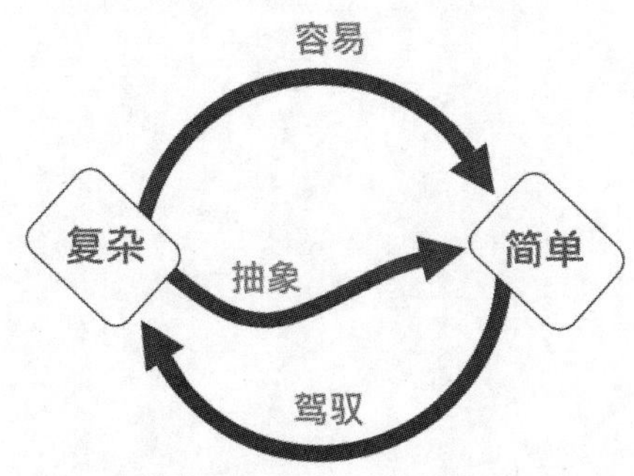

图8–28　面对复杂，唯有“简单”

第 9 章

从需求、设计到实践的设计思维

俗语说：心想事成。“心想”就是第一阶段的心智创造，然后流畅地衔接到第二阶段的实体创造，也就是“事成”。这项流畅衔接的流程就是设计师的核心工作，通称为设计思维（Design Thinking），其中包括以人为本的设计、解决问题的方法等，通过从需求出发，寻求创新解决方案，设计出原型（Prototype），贯穿到实体创造，解决人们的问题。

著名的IDEO设计公司首先将设计思维应用于商业上。后来，IDEO与美国斯坦福大学共同创建了著名的D. School（设计学院）。

十余年来，许多企业都开始运用设计思维。例如，在2014年，IBM公司开启了IBM设计思维的旅程，让公司的人员通过设计思维来提高产品质量，使用户更加满意，让组织更加灵活。

9.1 寻找现实问题，并创造性地解决它

9.1.1 创新性思维习惯 + 问题解决方法

在前面各章里，介绍了只要我们养成创造性的思维习惯，就会有动力、有热情去关怀周围环境中的人，并创造性地去解决人们的问题。所以，前面各章的主旨是培养我们自己“内心”的创新性思维习惯，包括以终为始、创想探索和去芜存菁等。而本章的主旨，则是发挥我们的创新性思维习惯，结合我们的同理心，去关怀“身外”环境的现实问题。

这时，教师开始把学生的学习带到现实中，让学生用自己的力量去创造改变，这能大幅提升学生的幸福感，增强学生间的竞争力。也就是，引导学生主动寻找现实问题，并创造性地解决它，这样更能找到自己内心的韵律和自信。

目前有一套很流行的训练方法，称为设计思维。它通过从问题、需求出发，运用创新性思维模式来构思解决方案，到动手设计原型(Prototyping)来进行检验测试，构成一个流畅的问题解决流程。

这种设计思维发源于设计界，后来被各行各业借鉴。斯坦福大学设计学院把它归纳成一套方法论后，迅速风靡全球各个学校。

9.1.2 设计思维的思维方式

在历史中，人们已经提出各式各样的问题解决方法论了。然而，设计

思维具有自己的独特性，它是一种富有创造性的解决方法论。

传统的问题解决方法论大多是从某个问题入手，确定问题的所有变量，再来确定解决方案。

然而，设计思维并非如此，它是从目标或者是要达成的成果（终点）着手，创想解决方案，然后来探索能够实现目标（迈向终点）足够多的因素，从而确定出优化的通往目标的路径。因此，目标和创造性解决方案实际上是解决问题的起点，也就是以终为始的思维方式。

基于上述的思维方式，设计思维方法在初期阶段的探索中偏重于感性的同理心，以获取用户需求的洞察力（Insight），支撑后续的问题定义、创意构思、原型开发及验证，使之在问题解决的过程中呈现创新性的突破。

9.2 设计思维的五个阶段

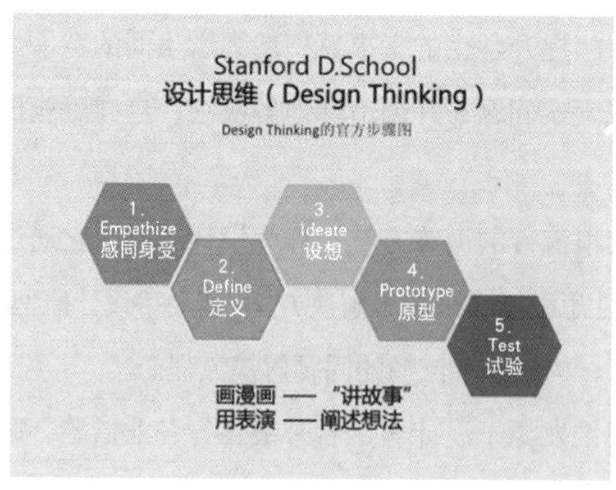

图9-1　设计思维的五个阶段

·同理心（Empathy）：收集对象的真实需求。让设计者可以抛开自己对世界的假设，深入了解用户及其需求，亦即对背后的问题有最佳的理解。

简而言之，同理心思考就是换位思考。

· 定义（Define）：基于用户需求的收集，分析并综合所观察的结果，以人为中心地详细陈述问题，包括确定特征、功能和其他任何可以帮助用户解决问题的元素。

· 创想（Ideate）：跳出框架来创想，为所定义的问题找出新的解决方案，也开始从各种替代方法来反复审视问题，并且选择去芜存菁的策略来检验创意和解决方案。

· 原型（Prototype）：动手制作出原型，把解决方案蕴藏于原型之中，逐个被用户检验，如果被接受，就进行优化和再检验，也可能会被拒绝。

· 测试（Test）：针对所选的最佳解决方案，进行严格用户测试，并尽量深入地了解产品及用户。

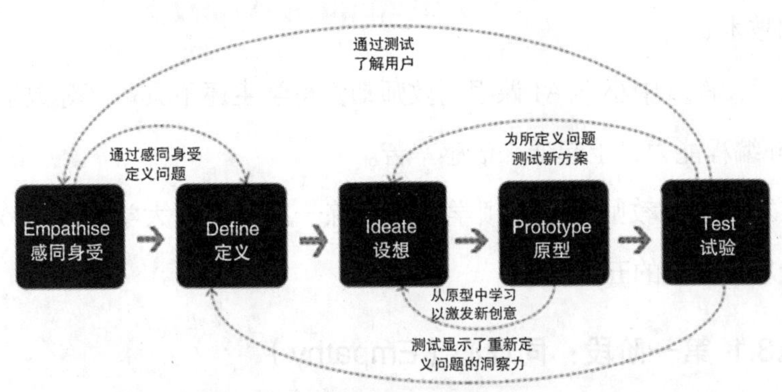

图9-2　设计思维：非线性循环流程

这五个阶段方法的优点是：后期获得的知识可以反馈到前期的阶段，信息不断地反馈，创造了一个永久的循环。在迭代循环中，设计者不断获得新的见解，产生新的创意和方案，并对用户及其问题有更多的理解。

所以，设计思维流程是迭代的、灵活的，专注于设计师和用户之间的协作，理解用户的真实感受，并以创意将梦想变为真实（梦想成真）。

9.3 流程演练（一）：中小学的AI教学设计

近年来，AI 和机器人像人类一样喜欢学习，变得愈来愈智能了。AI 机器人的全局探索能力可以协助人类的创意思考，迅速寻找到最优的实践方案。同时，人类的缜密创想能力也弥补了 AI 的弱点，也就是让人类和 AI 变得相辅相成，达到创新与实践的最佳组合，AI 机器人和人类将携手迈向幸福的创新之路。

为了迎接 AI 时代的来临，许多中小学生都开始学习与 AI 机器人相关的知识，包括 AI 机器学习（Machine learning）、影像识别、语音识别等概念和技术。

然而，许多中小学 AI 课程的教师却觉得学生还不具备高等数学基础和 Python 编程能力，上起课来倍感辛苦。

在本节里，教师可以引领学生来演练一次斯坦福大学 D. School 提出的设计思维方法的五个阶段。

9.3.1 第一阶段：同理心（Empathy）

教师引领学生来发挥同理心。教师把准备好的海报纸贴在墙壁上，并贴上便利贴，标示上方是终点，而下方是起点，简述现实教学中所体现出来的困境。如图 9-3 所示。

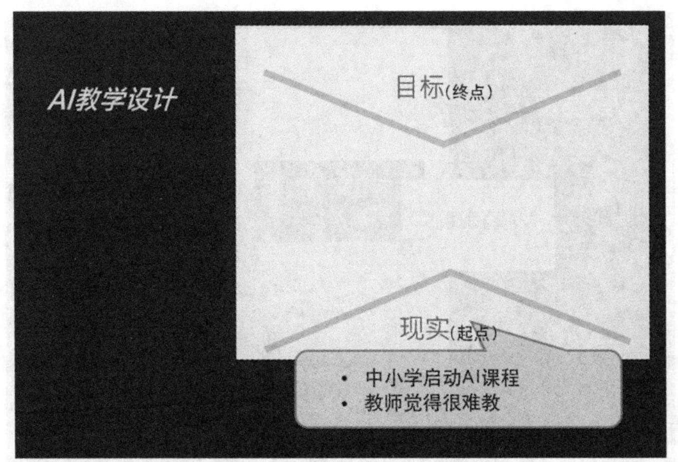

图9-3　采用以终为始的创新思维模式

学生开始讨论并收集教师的真实需求。大家心中先抛开自己对这个问题的假设，一起来深入了解用户（即教师）及其需求。于是，在便利贴上写了：真正的问题和需求是什么？如图 9-4 所示。

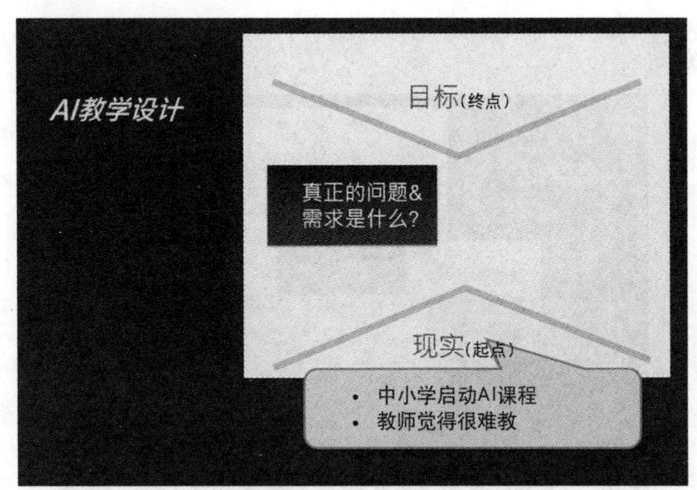

图9-4　开始收集真实的需求

有一位学生联想到了设计思维第一阶段——同理心，于是写上：发挥同理心。如图 9-5 所示。

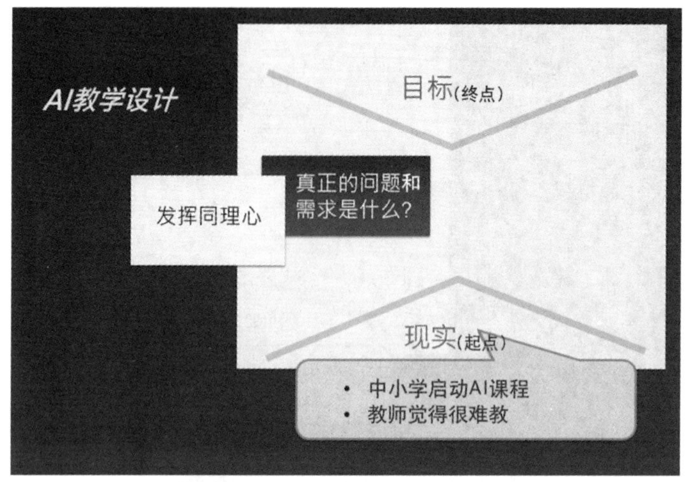

图9-5　发挥同理心

接着，学生开始思考如何才能通过换位思考、将心比心来深入了解中小学教师的困难之处，取得对背后的问题的最佳理解。有一位学生贴上了一张便利贴，建议：亲自到中小学里实际教几堂课，使自己感同身受。如图 9-6 所示。

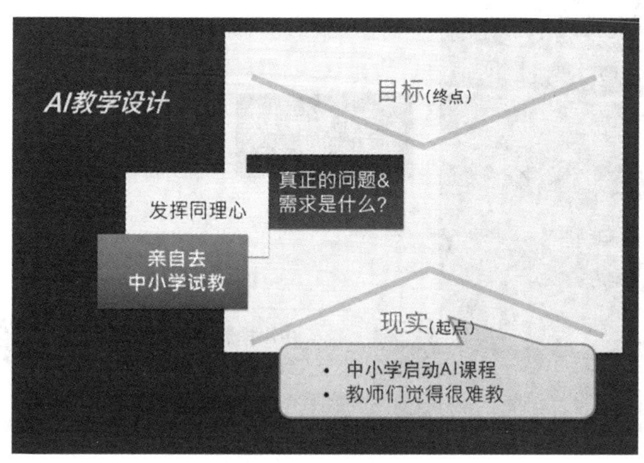

图9-6　感同身受

然后，记录实际亲身教学的体验或情绪感受，作为下一阶段问题分析的原始资料。如图 9-7 所示。

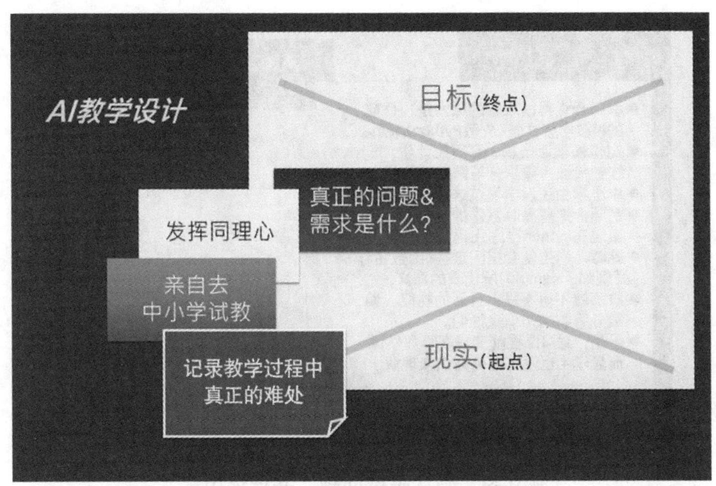

图9-7　详细记录亲身体验

9.3.2 第二阶段：定义（Define）

将搜集和记录的数据进行分析，找出这些背后的需求（Need），也就是教师的困难点。如图 9-8 所示。

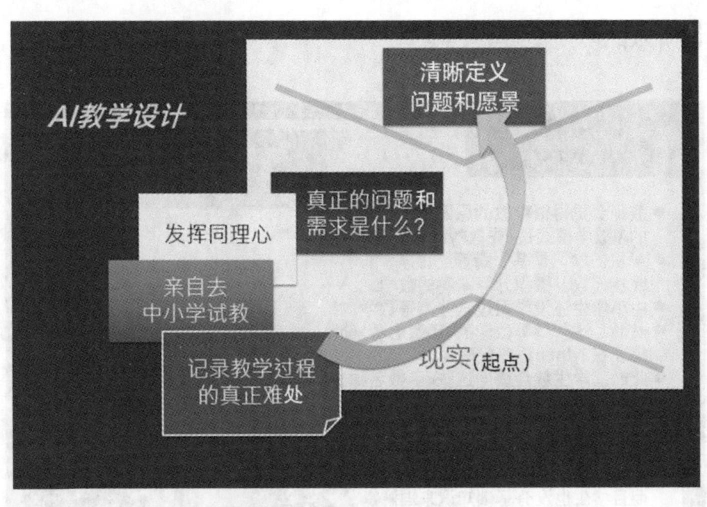

图9-8　清晰定义问题

清晰定义，以确认问题的焦点，并详细叙述出来，如图 9-9 所示。

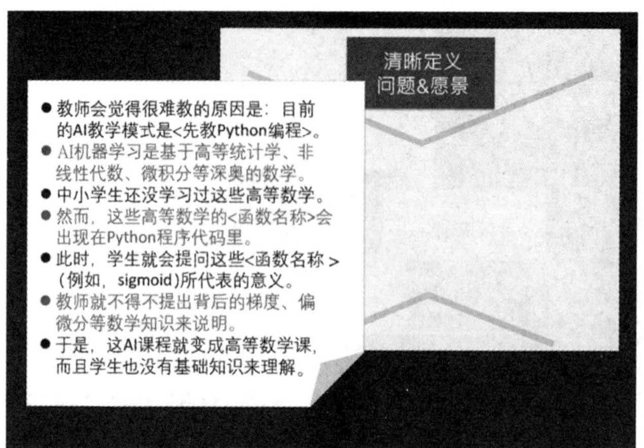

图9-9　确认关键问题，并详述出来

9.3.3 第三阶段：创想（Ideate）

教师引导学生展开脑力激荡，创想更多的解决方案。无论可行性如何，也不管可否实现目标，只要根据直觉快速产生创新点子，都是欢迎的。例如，有一位学生在便利贴上写下：为中小学教师提供数学和 Python 编程的培训。如图 9-10 所示。

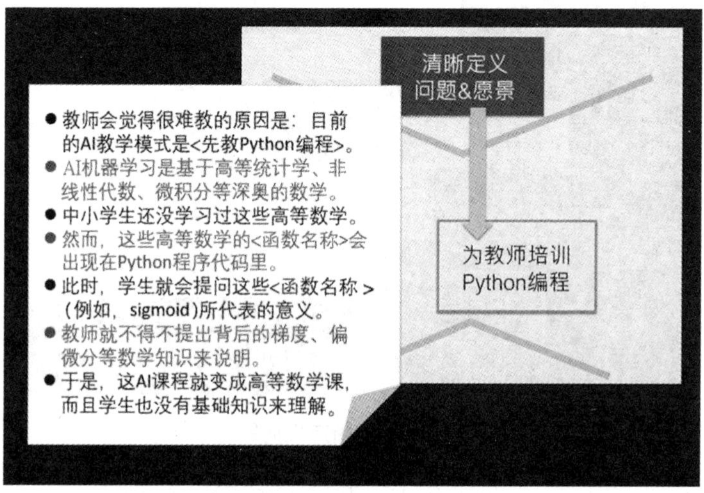

图9-10　展开脑力激荡

此时，任何创意和解决方案都是很珍贵的，不宜随意批评别人的创意，以便鼓励大家踊跃分享创意。如图 9-11 所示。

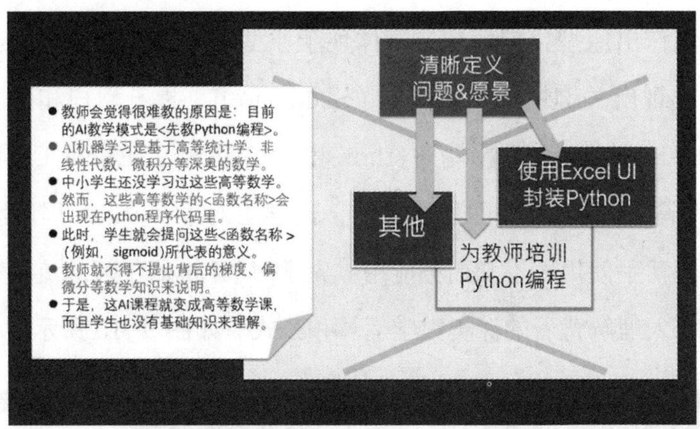

图9-11　踊跃分享各人的创意

学生都充分地畅想和分享各自的解决方案之后，教师就开始引导学生一起来检视这些解决方案。也就是，把这些畅想方案映射到现实，去芜存菁，因而留下了 Excel UI（用户界面）方案，颇为接地气。于是，优先选取“使用 Excel UI 封装 Python”方案。如图 9-12 所示。

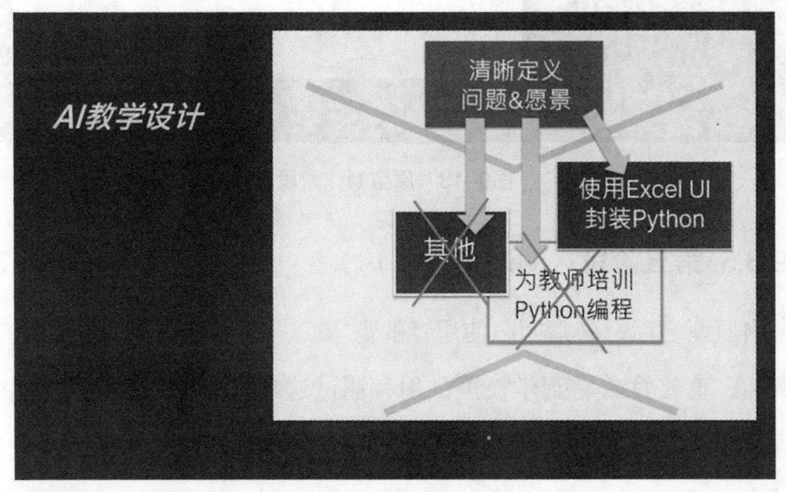

图9-12　去芜存菁

接下来，就进入下一阶段：针对所选择的优先方案，展开原型制作。

9.3.4 第四阶段：原型（Prototype）

动手制作出原型，把解决方案体现于原型之中，快速地将创新想法付诸实践，展现出关键性的使用情境（Scenario），提升用户和团队成员的信心。例如，实际动手撰写 Python 程序，并配上 Excel UI 画面，把 Python 代码隐藏于 Excel UI 的背后，让学生对于 Python 程序和幕后的数学能够先动手使用，不知而亦能用。先学习 AI 机器学习的流程和知识，再慢慢去深入理解背后的深奥数学运算和公式。如图 9-13 所示。

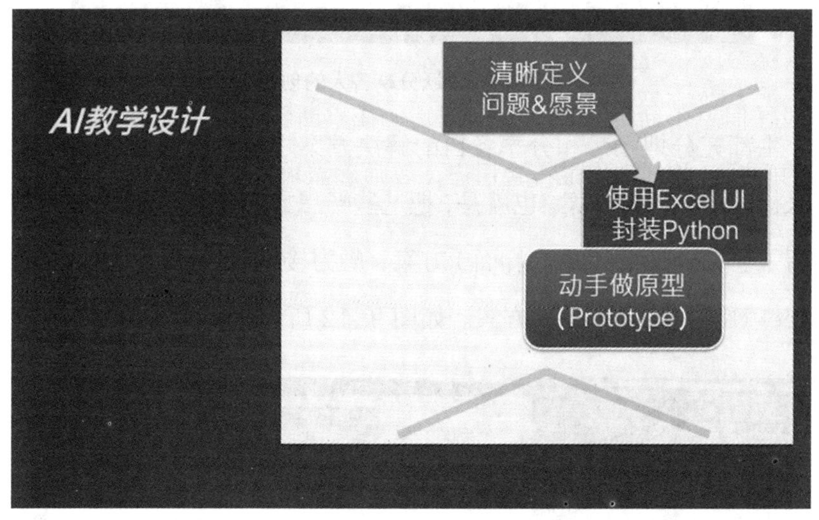

图9-13 原型制作阶段

9.3.5 第五阶段：测试（Test）

做出原型之后，必须回归使用者的需求。

例如，直接拿着它到学校里试用，测试这项方案是否真的解决了教师的问题，借由教师的反馈持续优化这项解决方案，止于至善。如图 9-14 所示。

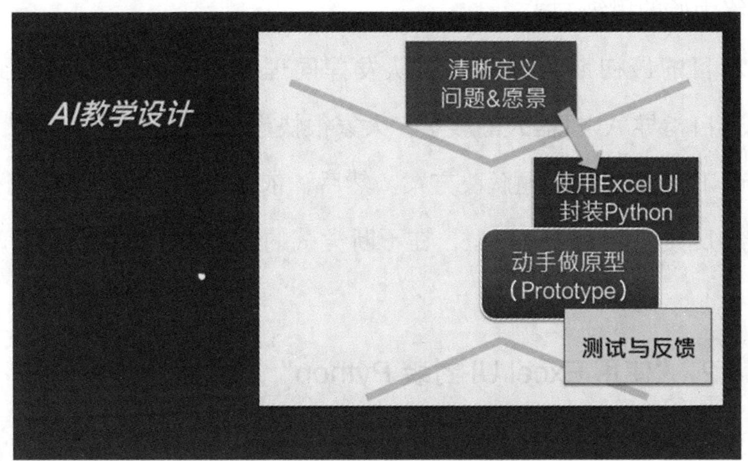

图9–14　实际测试，取得反馈

这个设计思维流程是迭代的、灵活的，后期获得的知识可以反馈到前期阶段，信息不断地反馈，持续修正，在不断尝试的过程中，解决使用者真正的问题，并创造出最符合用户（教师）需求的服务体验。

9.4　流程演练（二）：详细说明

上一节（9.3）所叙述的中小学的 AI 教学设计范例，是由高焕堂带领的 MISOO 团队于 2018 年运作的成功商业案例。其依循设计思维的五个阶段，充分运用以终为始的创新思维模式，实践了一项创新性产品设计。

9.4.1 以终为始

设计思维是一种富有创造性的解决方法论。它从目标或者要达成的成果（终点）着手，创想解决方案，然后来探索能够实现目标（迈向终点）的最优方案。所以，目标和创造性解决方案实际上是解决问题的起点，也就是以终为始的思维方式。

此项目的最初期，MISOO 团队发挥同理心，于 2018 年 8 月到一所小学里亲自指导 AI 机器人的教学。大家很快选择了“使用 Excel UI 封装 Python”作为优先的问题解决方案。然后，依循设计思维的迭代流程，信息不断地反馈，持续修正原型，在不断尝试的过程中，解决使用者真正的问题。

9.4.2 “使用 Excel UI 封装 Python”问题解决方案

当今的 AI 机器学习是基于神经网络（NN: Neural Network）的深度学习。现在，人人都想了解 AI 计算机（即机器）到底是如何学习的，以便把握 AI 技术潮流，捷足先登，踏进这项当今的主流产业（AI 人工智能）。

然而，AI 机器学习的算法又非常依赖于高等数学的表达式，包括线性代数、非线性函数、N 维矩阵（Array）、张量（Tensor）、微分导数、梯度（Gradient）下降、梯度消失等大家很陌生的数学概念和术语。这些深奥的数学概念大大减少了中小学生亲近 AI 的机会。

经过几回实际（中学和小学）指导教学，MISOO 团队深入理解了教师觉得 AI 教学很难教的原因：目前的 AI 教学模式是先教 Python 编程。上述这些高等数学的概念和术语会出现在 Python 程序代码里。此时，学生就会提问这些概念和术语（例如，sigmoid）所代表的意义，教师就不得不讲解背后的梯度、偏微分等数学知识。因此，AI 课程就变成高等数学课，学生也没有基础知识来理解这些内容。

于是，MISOO 团队提出了“使用 Excel UI 封装 Python”问题解决方案，建议让学生操作 Excel UI 画面，调用幕后的 Python 程序连接到谷歌公司的 TensorFlow 机器学习平台。如图 9-15 所示。

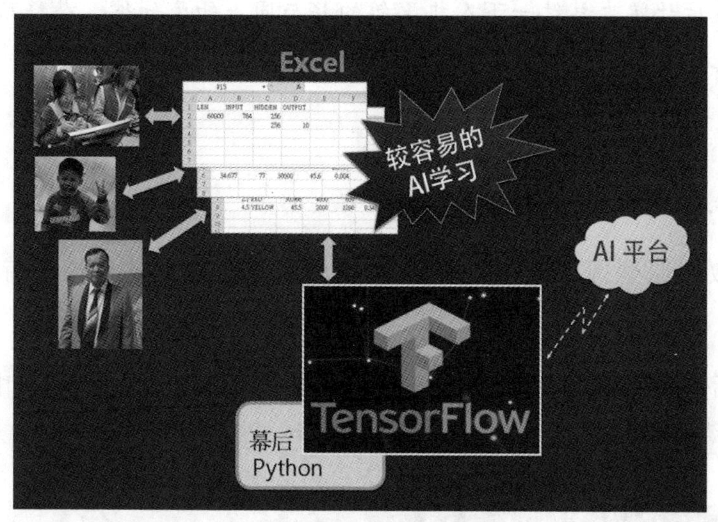

图9-15　解决问题的起点

以这个创造性解决方案来作为解决问题的起点，依循设计思维的迭代流程，持续修正原型，不断优化产品，如教案、书籍等。

9.4.3 原型范例：一个崭新的 AI 教学案例

在这项“使用 Excel UI 封装 Python”问题解决方案里，MISOO 团队大胆设计了崭新的教学情境。也就是，AI 机器经过了学习的过程之后，它就拥有像人类一样的智能。这时，教师就可以把 AI 机器拟人化了，把 AI 机器看成一位新同学。教师在上（AI）课时，可以让人类学生团队先讨论出想法和做法，思考之后，再与 AI 机器同学较量（PK）。其主要的教学步骤是：

- 学生先讨论现实问题、愿景，并构思解决方案。
- 让学生以第一人称角色，通过设计好的 Excel 画面来与 AI 机器互动。
- 教师开始介绍 AI 机器的学习技巧，并与人类学生的思维进行对比。

· 最后让学生总结一下人机思维的异与同。知己知彼，潜移默化中，学生也清楚了自己是如何思考的。

9.4.4 测试：持续改进教案

将教案原型提供给中小学教师使用，取得教师的反馈，持续改进教案。

之后，教师会把学生使用的意见再反馈回来，继续改进教案。如图 9-16 所示。

图9-16 用户（教师）的实机测试

9.4.5 做出成品：出版书籍

刚才提到了，这个创造性解决方案作为解决问题的起点，依循设计思维的迭代流程，持续修正原型，不断优化产品，如教案、书籍等。于是，MISOO 团队出版了一本很棒的教材（书籍）。如图 9-17 所示。

图9-17　产品上市

9.5　观摩范例：海洋垃圾吸尘器设计

有一位荷兰的年轻人，名叫史莱特，他非常富有同理心。史莱特热爱潜水，有次去希腊潜水时，他发现塑料比鱼多，深深感受到海洋垃圾问题已经不是别人所说的下一代的事，而是活生生发生在我们身边的事情。

于是，他就去访问一些大学里的研究人员，得到了惊人的数据：到 2020 年，全球将有 725 万吨塑料垃圾在海洋里随处漂流，相当于 1000 座巴黎埃菲尔铁塔的重量，预计需要 79000 年才能恢复。

在 2013 年，他提出海洋吸尘器（Ocean Cleanup Array）的概念，预

估用五年时间清除太平洋垃圾带，实现他清理海洋垃圾的梦想。

9.5.1 同理心：人类宝贵的能力

同理心是人类的一种天赋，它让人们洞察那些还不存在的、因想象力产生的所有发明和创造。同理心和想象力给了我们设身处地去为周围的人们或其他事物着想的能力，我们没有经历他（它）们所经历的，但我们可以理解、同情他（它）们。也就是说，我们可以不需要去切身经历，就能学习并且理解，能换位思考，设身处地去思人所思、想人所想。

原来这里是一个干净的太平洋海滩和海底生态。如图 9-18 所示。

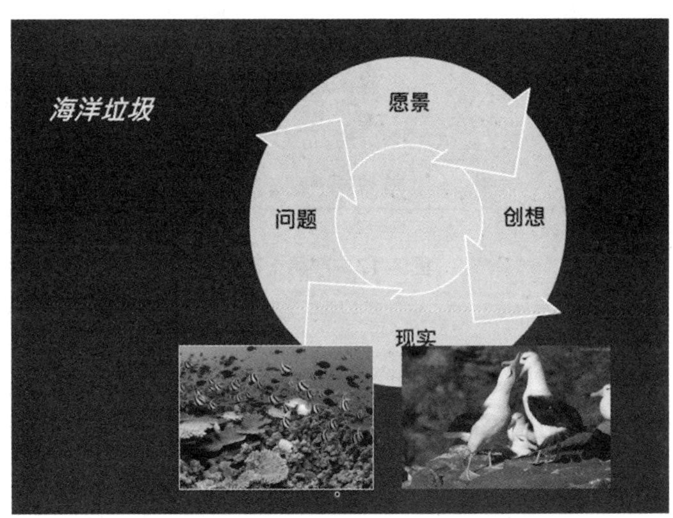

图9-18　健康的太平洋生态

人们每年产生 3 亿多吨的塑料垃圾，它们从河川流向海洋。如图 9-19 所示。

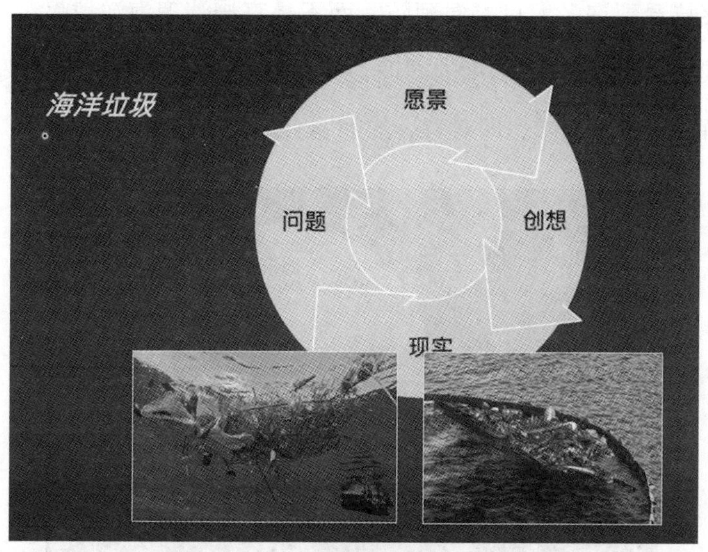

图9-19　塑料垃圾流向海洋

海滩上的塑料碎片，从鸟类的角度看起来很像食物，所以被吃进鸟肚。有些碎片沉入海底，其中的 PCB 和 DDT 毒害海洋生物链。如图 9-20 所示。

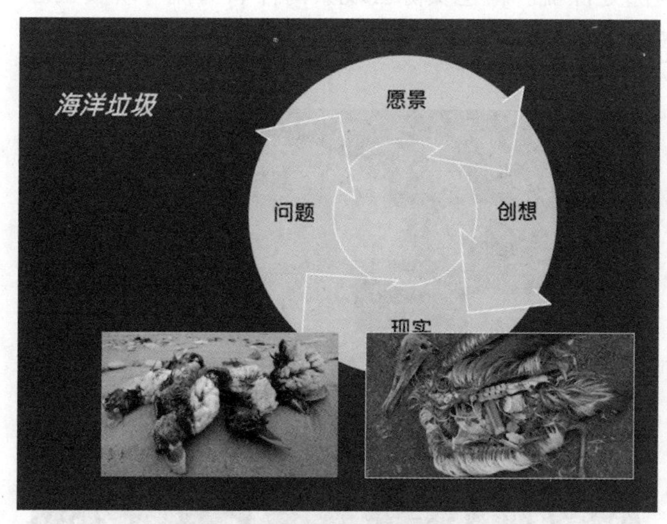

图9-20　受害的鸟类

史莱特看到许多人只提倡预防，而不是直接清理海洋垃圾，无法阻止环境继续恶化。他发挥了高度的同理心和想象力，开始收集对象的真实需求，深入了解用户及其需求，即对背后的问题有最佳的理解。如图 9-21 所示。

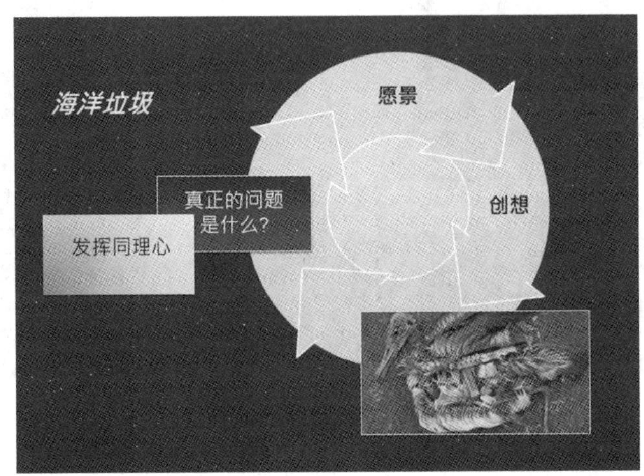

图9-21　发挥同理心和想象力

他去一些大学走访，收集数据，如到 2020 年全球有 725 万吨塑料垃圾在海洋里随处漂流。他也实际去观察海洋、海流等现实生态环境。如图 9-22 所示。

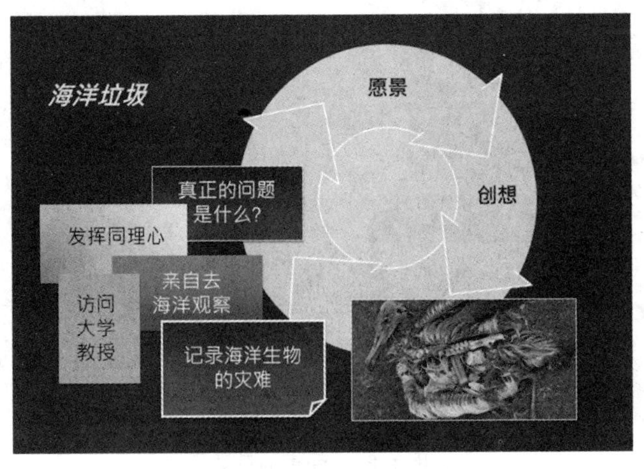

图9-22　探索出更多信息

9.5.2 清晰定义问题

他将搜集和记录的数据进行分析，找出问题背后的原因。如图 9-23 所示。

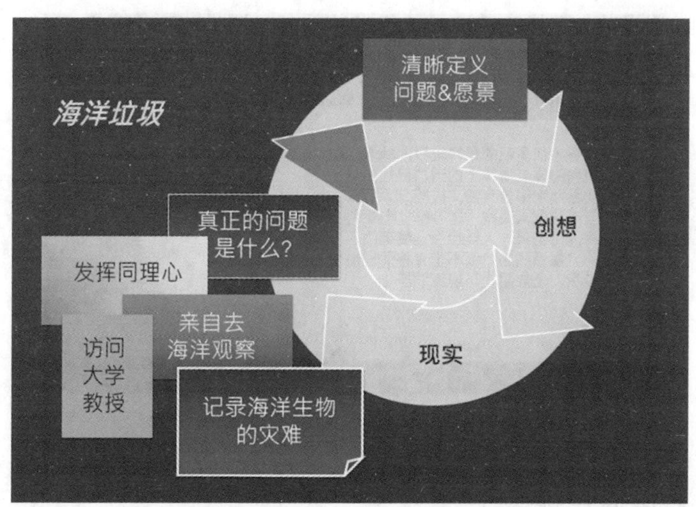

图9-23　分析数据，理清问题

清晰定义，以确认问题的焦点，并详细叙述出来。如图 9-24 所示。

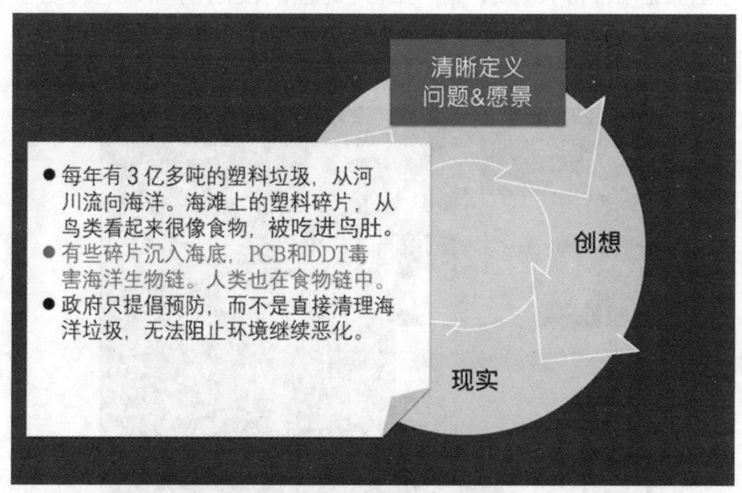

图9-24　确认关键问题，并详译述出来

9.5.3 创想：探索创新性解决方案

史莱特起初尝试类似捕鱼的传统清理法，做几个棉拖网，租船出海去捞垃圾。如图 9-25 所示。

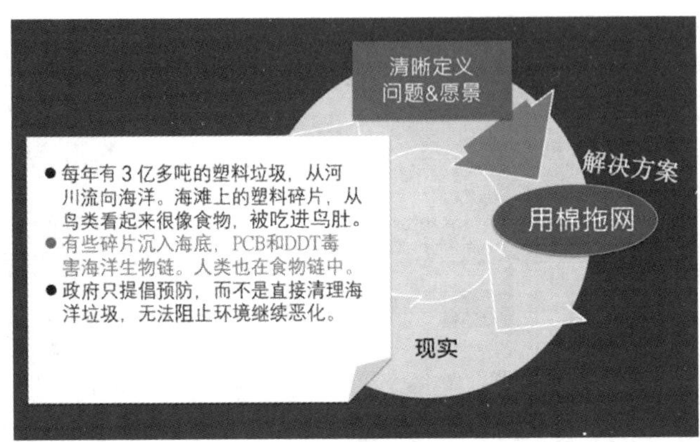

图9-25　提出创意性方案

9.5.4 原型与测试

接下来，针对这项创想，动手制作出原型，把解决方案体现于原型之中，快速地将创新想法付诸实践，展现出关键性的使用情境并进行实际测试。如图 9-26 所示。

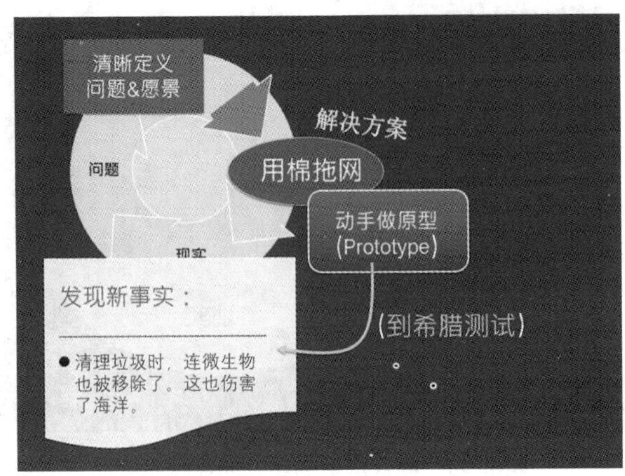

图9-26　制作原型及测试

经过在希腊的海洋实地测试，他发现在海洋里清除塑料垃圾时，可能会卷入海洋生物，引起许多人的担心。这是经由实地测试取得的反馈，可以此促进优化和改善，于是，他提出了新的解决方案。如图 9-27 所示。

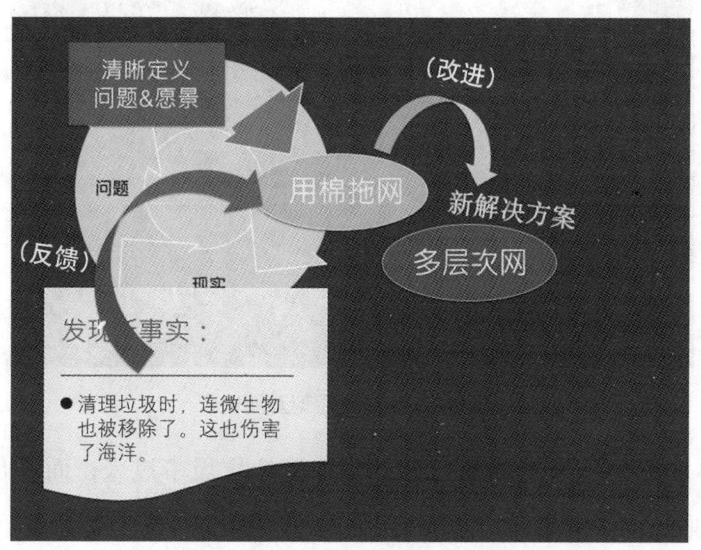

图9-27　提出新的解决方案

再接再厉，针对新的解决方案制作出原型，快速地将这新的想法付诸实践，并进行实际测试。

史莱特经过在北海的实地测试，又发现了垃圾会随洋流而漂流，这样到处去追逐、清理垃圾，运费非常昂贵，并不符合经济效益。如图 9-28 所示。

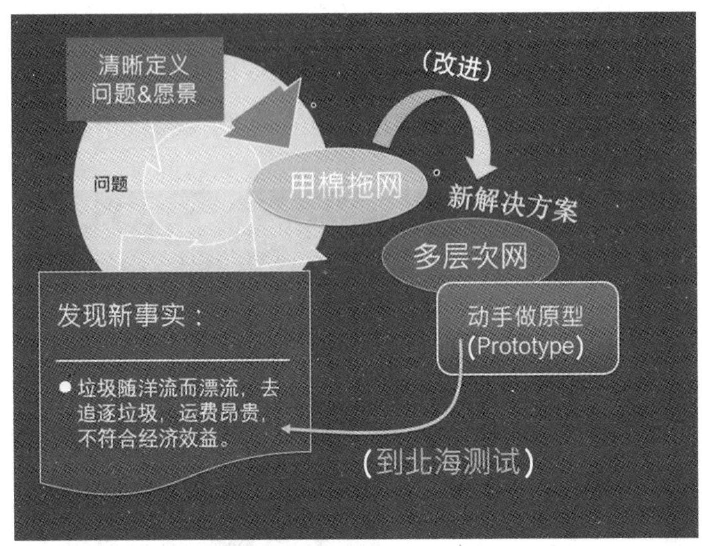

图9-28　制作原型及测试

他再次提出了新的解决方案：让洋流把垃圾带过来，而不是去追逐洋流。把收集回来的塑料，进行环保处理，转卖出去，还可以获得不少收益。如图 9-29 所示。

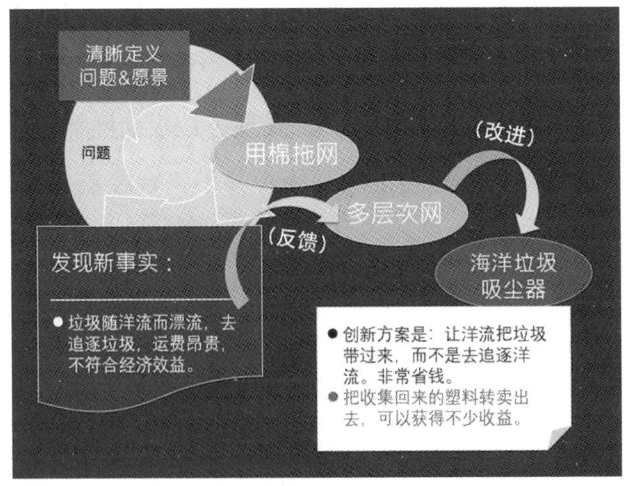

图9-29　提出新的解决方案

9.5.5 做出成品

前面已经提到了，这是一项创造性解决方案，依循设计思维的迭代流程，持续修正原型，不断优化产品。在 2013 年，史莱特提出海洋吸尘器（Ocean Cleanup Array）新方案，并付诸实践。如图 9-30 所示。

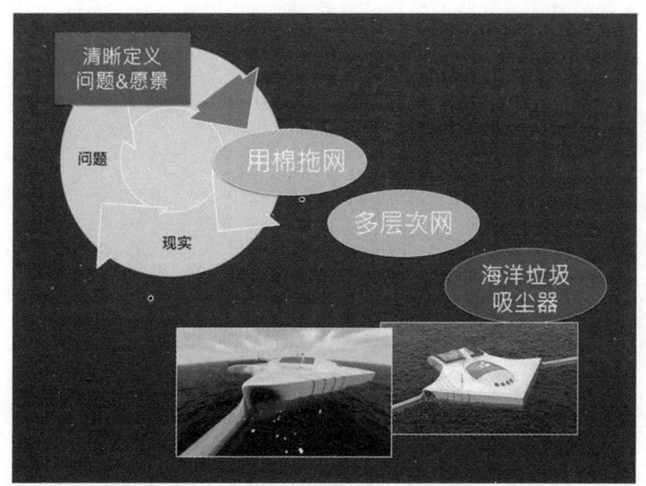

图9-30　海洋吸尘器

第 10 章

机器与人一样有智能：机器学习

人生而具有澎湃的创新力，然而传统教育力求博观而约取，厚积而薄发，这十年寒窗的慢学快思之法，日渐受到人工智能快学快思的挑战。

其因应之道亦明矣，化阻力为助力，提倡慢思快学治学之法，释放澎湃的创新力，和人工智能互补，和机器人共舞，止于和谐与至善。

在本章里，将实际演示AI机器的思考模式以及学习方法。

10.1　迎接AI机器学习时代

在 AI 时代里，AI 机器也像人类一样喜欢学习，愈来愈有智能了。AI 机器的全局探索能力可以协助人类的创意思考，帮助人类迅速寻找到最优的实践方案。同时，需要人类以更多的缜密创想来弥补 AI 机器智能的弱点，也就是让人类和 AI 机器变得相辅相成，达到创新与实践的最佳组合，AI 机器和人类将携手迈向幸福的创新之路。

10.1.1 AI 机器优越的全局探索能力

于此，以下围棋的人工智能机器 AlphaGo 为例来进行说明。在 2016 年，AlphaGo 在围棋比赛方面击败了人类的世界冠军。AlphaGo 的棋艺（智能）建立在人类的经验和知识之上，偏于慢学快思的学习路径，它用功学习人类大量的历史棋谱（博观），迅速学习和领悟人类的棋艺（约取），进而自我训练、不断精进，而胜过了人类。到了 2017 年，新一代 AlphaGo Zero 更加青出于蓝，它基于不同的学习途径，没有参考人类的经验知识，也没有依赖人类历史棋谱的指引，从一片空白开始自我学习并无师自通，棋艺竟然远远超过 AlphaGo，而且百战百胜，以 100 ： 0 完胜它的前辈 AlphaGo。

为了让大家更了解 AlphaGo Zero 会赢的原因，这里以企鹅比喻 AlphaGo 机器。设想 2015 年的某一天，某个学校里有一位教师向学生发布了一个消息：我们班将要在每周六举行抓鱼比赛，每次抓到最大鱼的学生可获得 5000 元冠军奖金。

这学校里有池塘，附近有河流，再远一点儿就是海边。这位人类教师告诉人类学生：池塘里的鱼比较小，河流里的鱼比较大，海里的鱼最大，但海上风浪大，要注意自身安全。

经过几周的比赛之后，人类学生几乎全部到附近的河流里抓鱼。

到了 2016 年，这个班级来了一位企鹅学生（比喻 AlphaGo 机器）。这位人类教师也告诉企鹅学生（新学生）：池塘里的鱼比较小，河流里的鱼比较大，海里的鱼最大，但海上风浪大，要注意自身安全。

这位企鹅学生发现所有人类学生天天都到河里抓鱼，河里只剩下小鱼了，他逛到池塘边，跳进池塘，潜入池底抓出一条大鱼（且刻意不告诉其他学生和老师），得到了冠军。

到了 2017 年，又来了一位新的企鹅学生（比喻 AlphaGo Zero 机器）。这位新企鹅学生比较顽皮，根本听不进教师教的任何知识，自己跟同学一起去抓鱼。他走到海边，“扑通”一声就跳入海中，玩得不亦乐乎，顺手一抓就得到一只超大的鱼（且刻意不告诉其他学生和教师），得到了冠军。

那么，AlphaGo Zero 会赢的背后原因是什么？教师传授给学生的经验和知识是：池塘里的比较小，河流里的鱼比较大，海里的鱼最大，但海上风浪大，要注意自身安全。这是这位人类教师基于其经验而领悟的知识，是基于人类特性而定的最佳方案，仅是人类探索空间的局部最优（Local optima）而已。但是不一定是“人类 + 企鹅 AlphaGo”探索空间的全局最优（Global optima）。

企鹅 AlphaGo 承袭了教师的知识，也认为大海很危险，就没去大海。但是企鹅有特殊习性（人类没有），那就是喜欢玩水。所以他的探索空间大于人类（包括池塘内部），因而发现了“人类 + 企鹅 AlphaGo”探索空间的全局最优（池塘里抓鱼），胜过了人类学生。

企鹅 AlphaGo Zero 没有承袭教师的知识，不认为大海有危险（其实企鹅喜欢海浪），就跑去大海了。所以他的探索空间大于“人类 + 企鹅 AlphaGo”，因而发现了“人类 + 企鹅 AlphaGo+ 企鹅 AlphaGo Zero”探索空间的全局最优（海中抓鱼），胜过了企鹅 AlphaGo 和人类。

以上论述说明，AI 机器常常具有超越人类知识领域的更大探索空间，展现比人类更优越的全局探索能力。

10.1.2 人类来弥补 AI 机器智能的弱点

AI 机器很擅长于学习，它从经验中学习和领悟而呈现出智慧。大数据（Big data）提供给它极佳的学习材料，其中蕴藏了事物之间的相关性，成为它领悟的源头，丰富它的智慧。随着 AI 机器的学习技巧（即算法）日新月异，物联网技术促进大数据迅速涌现，机器的学习成效急速上升，把人类远远抛在后头了，让人类望尘莫及。

AI 机器的学习和智能很类似人类的归纳性智能，它的思考过程不清晰，偏于结论性，欠缺可信（可靠）性。由于它欠缺可信性，所以在判断和决策上，机器和人类一样，常常会有偏见和误判。一旦面临它未曾学习过的情境，就有可能会犯错。

例如，数年之前，一名特斯拉（Tesla）车主在其特斯拉汽车的自动辅助驾驶（autopilot）软件未能在阳光下发现一辆白色卡车后，死于撞车事故。成吉思汗也是这样，因为产生严重的偏见和误判（固执己见），而误杀了心爱的神鹰。

当 AI 机器展现其偏于归纳性的慢学快思时，人类就必须更加偏于溯因性的慢思快学的习惯和能力，其目的是要力求达到直觉快思与理智慢想两者的互补与均衡，这将带来源源不绝的创新，并大幅提升其可实现性，让创意更接地气。因此，人类既可以善用 AI 机器所擅长的能力，又能弥补它的缺点。

10.1.3 AI 机器的学习方法：快学快思

李开复先生说过，人工智能来了，人类只剩下两件事情可以做：爱心和创新。为什么呢？一部分原因是，AI 的快学快思学习路径，已经技压了人类的慢学快思路径。例如，在 2016—2017 年里，我们可以发现有一个很特殊的“人物”，叫作 AlphaGo。这 AlphaGo 并不需要十年寒窗，只需要几个月，就能把所有人类的棋谱都学完，而且成为一位围棋行业的专家。

所以，传统上人们需要历经十年寒窗的积累，才能成为一个行业的专家。如今却面临了 AI（机器人）的巨大竞争，AI 机器只需要几个月就能够超越人们的十年寒窗，如 AlphaGo 赢了李世石等 9 段围棋高手。AI 的快学快思，强烈挑战了人们传统十年寒窗的慢学快思之路。

10.1.4 AI 的发展史

回顾一下 AI 的发展史，从 1950 年代起，许多专家就开始希望将人类的知识和思维逻辑植入机器（如计算机）里，让机器像人一样思考。当时使用符号和逻辑来表示思考（Thinking）和表现出智慧（Intelligence），人类努力向机器输入符号化的“思想”，并期望软件程序会展现出足够像人的思考能力，然而这个期望并没有成功。

后来，专家另寻他途，转而采用罗森布莱特（Rosenblatt）在 1957 年提出的感知器（Perceptron）程序，使用重入反馈算法“训练”各种逻辑式子，因此实现了初步的机器“学习”，这称为联结主义（Connectionism），也诞生了神经网络（Neural networks）这一名词。这个途径并不是由内而外地向机器输入符号化的知识和逻辑来让机器展现出人的思考，反而是由外而内，尽量让计算机表现得有智能，但人们并不关心机器是否真的“表现”出思考逻辑。

AlphaGo 就是这项新途径的代表。2016 年，AlphaGo 在围棋比赛方面击败了人类的世界冠军。AlphaGo 的棋艺（智慧）建立在人类的经验知识之上，它基于人类大量的历史棋谱，迅速学习和领悟人类的棋艺，进而自我训练、不断精进，而胜过了人类。到了 2017 年，DeepMind 团队的新一代 AlphaGo Zero，基于不同的学习途径，没有参考人类的经验知识，没有依赖人类历史棋谱的指引，从一片空白开始自我学习，无师自通，棋艺竟然远远超过 AlphaGo，而且百战百胜，以 100 ： 0 完胜它的前辈 AlphaGo。

AlphaGo 代表了深度学习（Deep Learning）技术的大幅突破，不仅仅在围棋竞赛方面表现出色，而且近年来在影像辨识、语音识别、自动驾驶、精准医疗、工业机器人等各方面，都有蓬勃发展的趋势。

10.1.5 基于大数据的相关性分析

当今基于深度学习的 AI，其蓬勃发展与互联网的大数据（Big Data）发展息息相关。基于大数据的相关性（Depedency）分析，支持归纳性推理算法，再搭配探索算法，建立了当今 AI 的智能基础。那么，什么是相关性呢？现在来举一个例子，如有一家百货公司，它的一楼所摆放的都是女生的香水，而婴儿用品等则摆在四楼。

经过了一年的运营，从交易的大数据当中，AI 机器依据相关性分析发现，来买 A 香水的女性，有 52% 的人会在几个月之后到四楼来看婴儿用品。但是，因为大数据分析是依赖相关性，并没有因果性（Causality），所以 AI 机器无法告诉百货公司经理到底是什么原因？

然而 AI 很聪明地建议经理，可以在一楼香水专柜旁边放一个易拉宝，上面写几个大字：四楼有婴儿用品。再经过半年，果然发现，来买香水的人有 86%（几个月后）到四楼去看婴儿用品。虽然不知道是什么原因，却让四楼的营业业绩增长了，这叫作相关性。

后来经理就去问了一位医生，医生说：因为怀孕的女性会喜欢那种香水。专业的医生基于因果性解释了原因：她们怀孕了。

10.1.6 AI 与一般信息化的区别

传统信息化的主要特性是，企业规则是人制定的，机器不会改变它。例如，假设百货公司有个周年庆的企业规则：单张发票金额超过 1000 元，就打八折。

于是，在传统信息化里，编程人员就把企业规则写为程序代码，然后加载到计算机上来表现出企业规则。除非企业经理改变规则，编程人员更改程序，否则这企业规则是不会变的。

然而，在 AI 世界里并不是这样的。相对地，在 AI 里，训练数据是人给的，机器则会自动更改企业规则，所以两者之间是互补的。如之前百货公司的范例，在 AI 世界里，它会审视过往的事务数据，它会归纳出一个结论：72% 的交易金额都集中在 1000 ~ 1200 元之间。于是，AI 会建议经理或自动调整企业规则，修正为：单张发票金额超过 1200 元，就打七折。这样对公司更有利，有望提升公司的营收总额。

10.2　人类如何教导AI机器呢?

10.2.1 使用便利贴来讨论

当我们把 AI 机器拟人化，教师就可以把 AI 机器看成一位新学生。在这课堂里，学生成为这个 AI 世界里的第一人称，就像电视游戏机里的第一人称视角。教师引导人类学生与 AI 机器学生互相学习，扮演各种不同的角色。教师先说明现实状况，即有一位 AI 机器学生来了，想要向人类学习。也就是，人类扮演教师的角色，AI 机器扮演学生的角色。如图 10-1 所示。

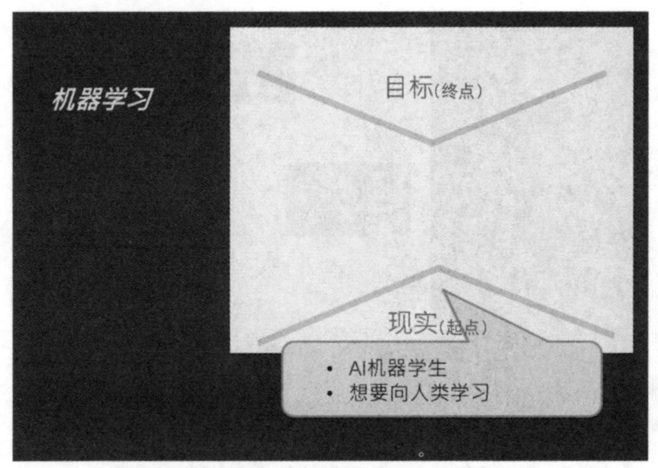

图10-1　AI机器学生向人类学习

大家讨论：这会有什么困难呢？

10.2.2 写下问题和愿景

于是，便利贴上写了：这位（人类）教师如何教呢？如图 10-2 所示。

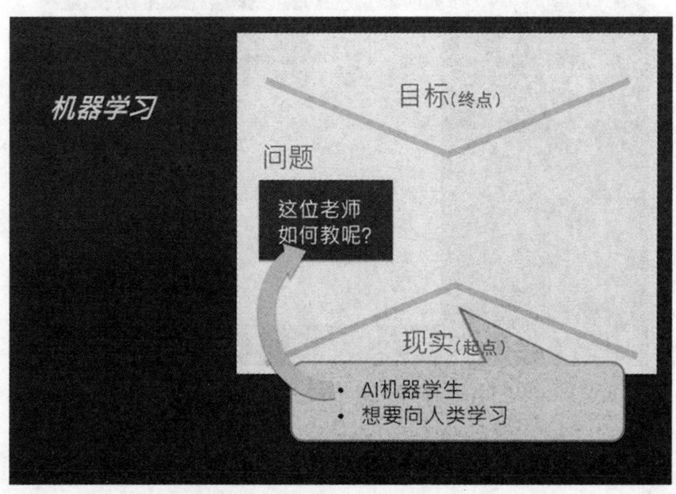

图10-2　依循“以终为始”的思维模式

先想终点，并且贴上便利贴，写上目标：让机器像人一样有智能。如图 10-3 所示。

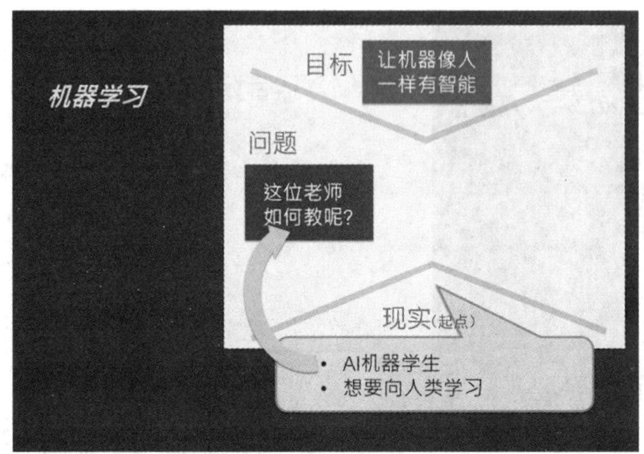

图10-3　从目标（终点）出发

10.2.3 展开创想

接着，学生就发挥想象力，展开创意，即使是莫名其妙的想法，也都欢迎。例如，有一位学生贴上了一张便利贴，写着：先教快思。如图 10-4 所示。

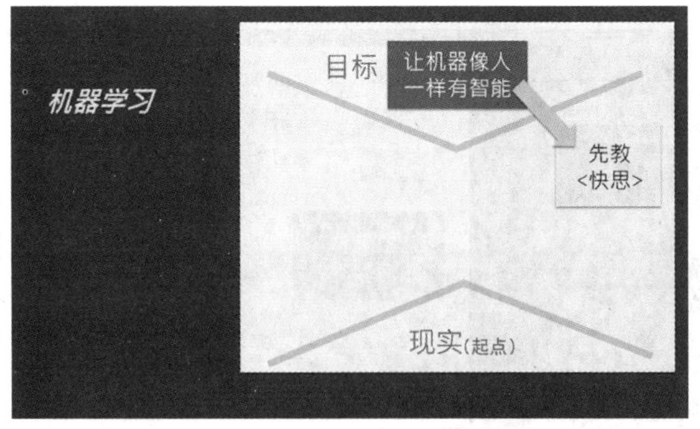

图10-4　贴上自己的创意

教师尽量引导学生发挥更大的想象力，寻找有哪些途径可以通往终点。学生贴出了更多的想法，来与大家分享。如图 10-5 所示。

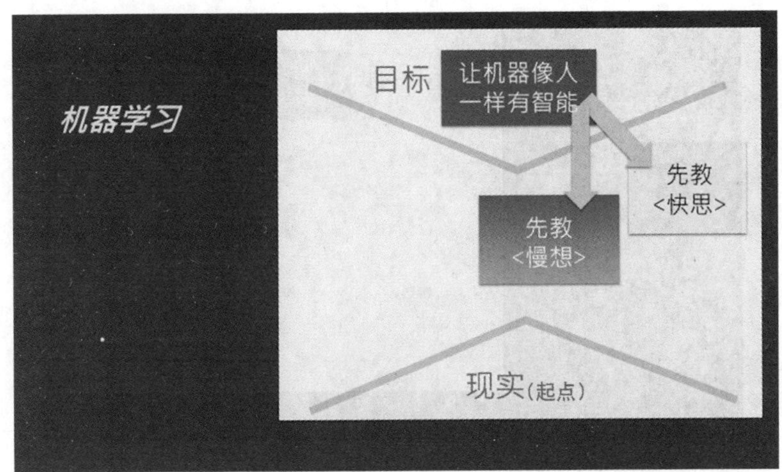

图10-5　踊跃表达各人的创意

大家展开讨论，发现两者有些差异，就是主要的推理思考方式并不相同。如图 10-6 所示。

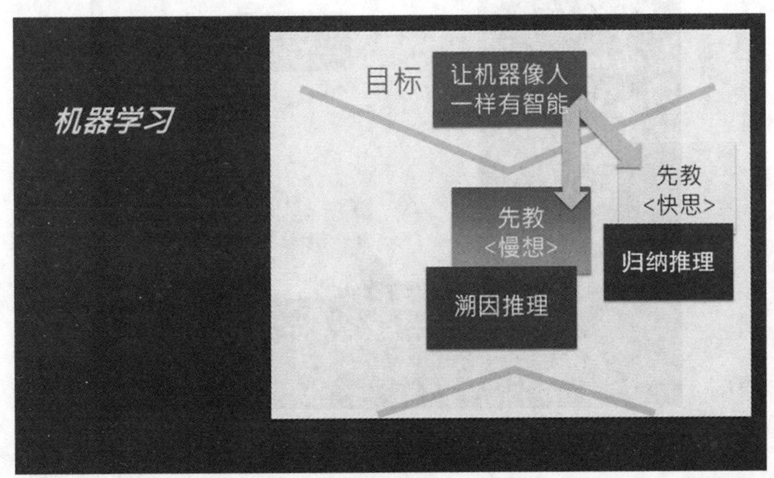

图10-6　也可以表达反对意见

10.2.4 去芜存菁

教师引导学生把这些畅想映射到现实，发现有大数据分析的技能和工具可使用，非常接地气，于是留下“先教快思”方案。如图 10-7 所示。

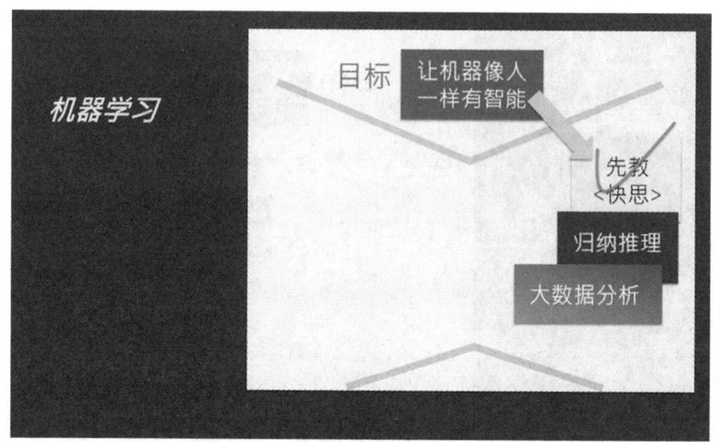

图10-7　留下还没被删除的方案

接下来，就继续深入探索，例如，有学生提出想法，建议依循大家熟悉的“博观而约取，厚积而薄发”的学习模式。如图 10-8 所示。

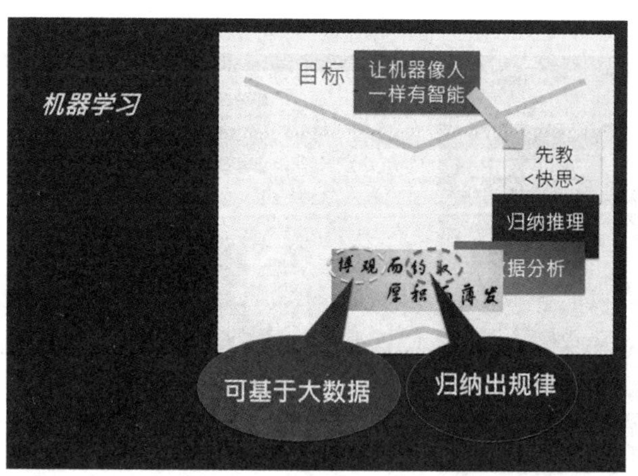

图10-8　从起点迈向终点的路径

10.2.5 机器学习方法和过程

接下来，人类实际来教导 AI 机器，让它能够像人类一样有智能。

10.3 把AI机器拟人化（一）：以调整税率为例

一旦 AI 机器经过了学习的过程之后，它就有像人类一样的智能了。这时，我们就可以把 AI 机器拟人化，教师把 AI 机器看成一位新学生。在课堂里，人类学生可以成为这个 AI 世界里的第一人称，就像电视游戏机里的第一人称视角。教师引导人类学生与 AI 机器学生互相学习，也让人类与 AI 机器的智慧互相对比。

教师在上（AI）课时，可以让人类学生团队先讨论出想法和做法，思考之后，再来与 AI 机器同学较量（PK）。

10.3.1 以“AI 帮忙调整税率”为例

举个假设性的例子：如果一个国家里只有一个企业，此企业年收入为一元钱，那么收入乘上税率就等于政府的税收，如收入 1 元，乘上税率 0.25，政府税收是 0.25 元。但是政府发现这样会导致政府负债，因为政府需要 0.5 元的经费才够，所以政府短缺了 0.25 元。那么，政府就想到调（整）税率。

教师现在叙述现实情境中的问题：如何把税率调整得恰好收支平衡呢？如图 10-9 所示。

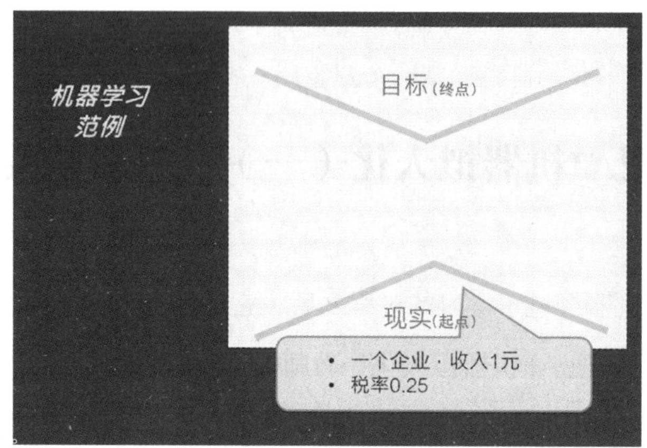

图10-9 逐一地探索

10.3.2 写下问题和愿景

大家讨论这会有什么困难呢？然后，在海报纸上贴上问题：缺少 0.25 元。如图 10-10 所示。

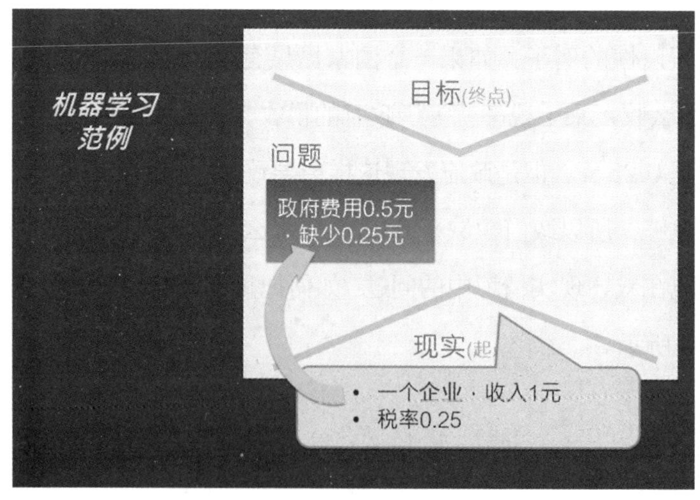

图10-10 提出问题

先想终点，并且在海报纸上贴上便利贴，写上目标：希望政府的收支平衡。如图 10-11 所示。

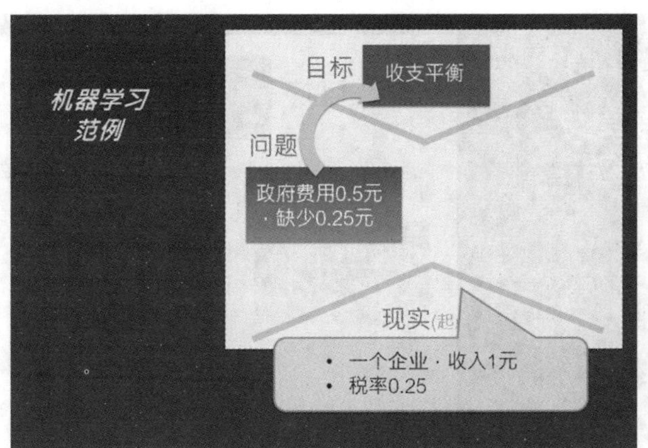

图10-11　提出目标

10.3.3 展开创想

接着，学生发挥想象力，展开创意，即使是莫名其妙的想法，也都欢迎。例如，有一些学生贴上了便利贴，写下他们的创想。如图 10-12 所示。

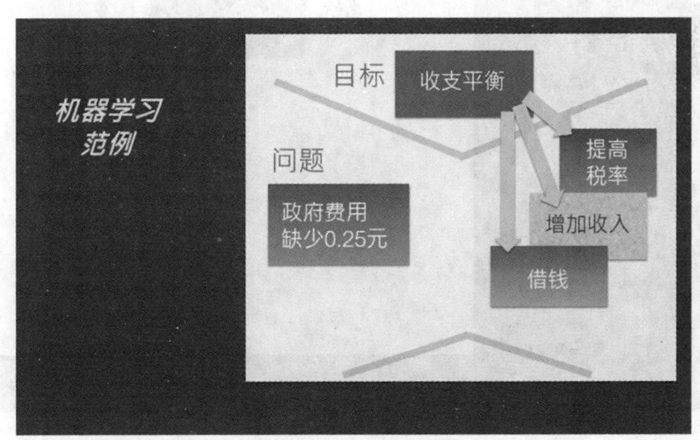

图10-12　展开创意

10.3.4 去芜存菁

教师引导学生进行讨论，把这些畅想映射到现实，删除那些明显不接地气的方案。如图 10-13 所示。

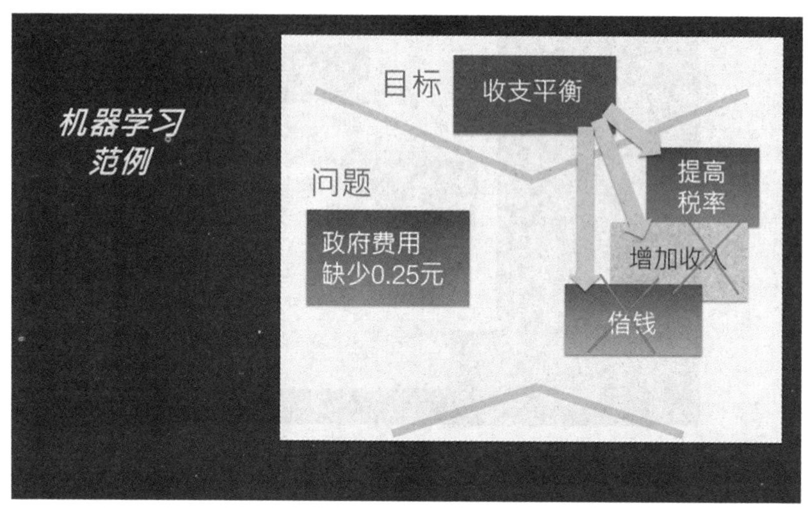

图10–13　去芜存菁

留下了“提高税率”这个方案，继续深入探索下去。如图 10–14 所示。

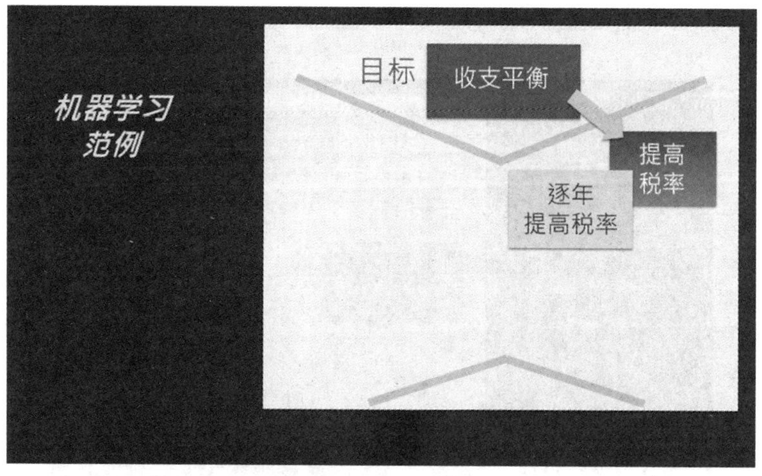

图10–14　深入探索

有一些学生贴上了便利贴，继续写下他们心中浮现出来的新事物（Unknown）。如图 10–15 所示。

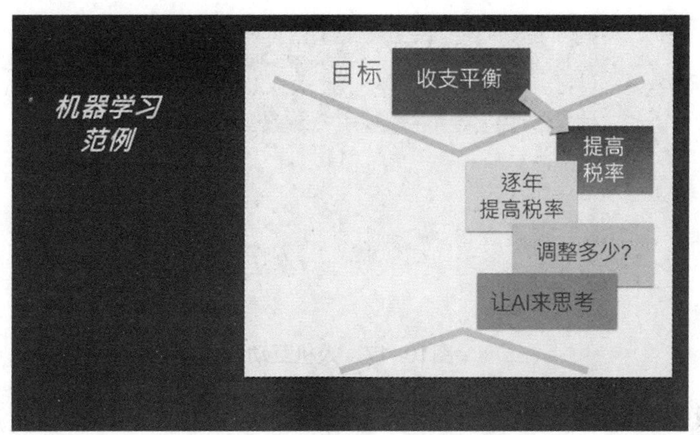

图10-15　新事物（Unknown）

接着，由这位 AI 机器学生来讲解它是如何思考和计算的。

10.3.5 AI 机器同学出来了

这个 Excel 画面是这位 AI 机器学生的 UI（User Interface）。如图 10-16 所示。

	A	B	C	D	E	F
1	政府支出		税收	税率	0.25	
2						
3						
4	0.5			企业收入	1	
5						
6						
7						
8						
9	税收	调整幅度		更新税率		
10						
11						
12						

图10-16　机器学生的UI

从这个 Excel 画面，AI 机器说：我已经掌握一切相关数据了。此时。人类学生以第一人称的角色，通过教师设计的 Excel 画面来与 AI 机器互动。人类学生按下“税收”按钮。如图 10-17 所示。

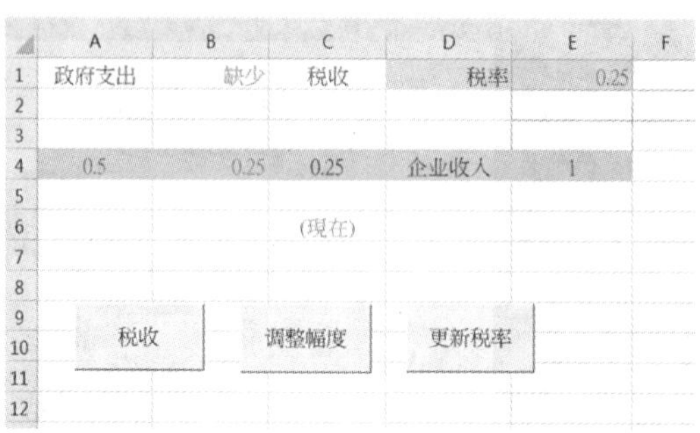

图10-17　人机互动

AI 机器说：目前政府短缺 0.25 元。人类学生按下“调整幅度”按钮来互动。如图 10-18 所示。

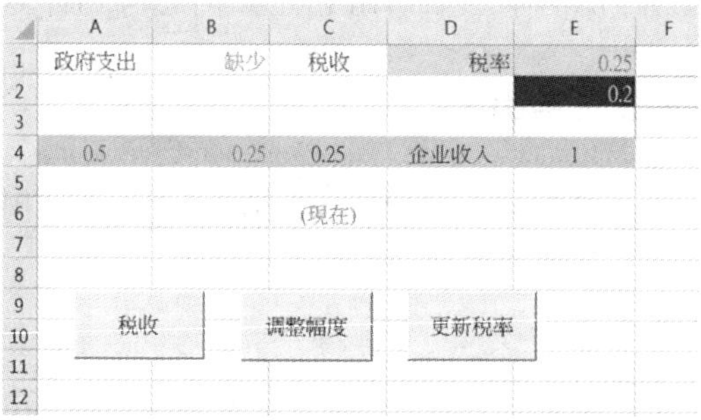

图10-18　调整幅度

这说明，税率准备调高 0.2。人类学生按下“更新税率”来互动。如图 10-19 所示。

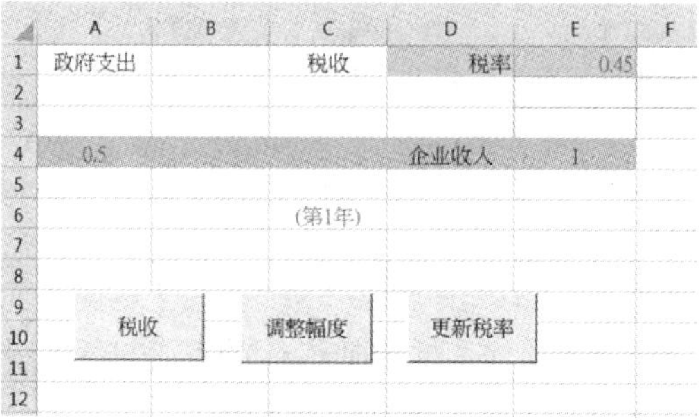

图10-19　更新税率

于是，第一年的税率调整为 0.45。人类学生再按下“税收”来互动。如图 10-20 所示。

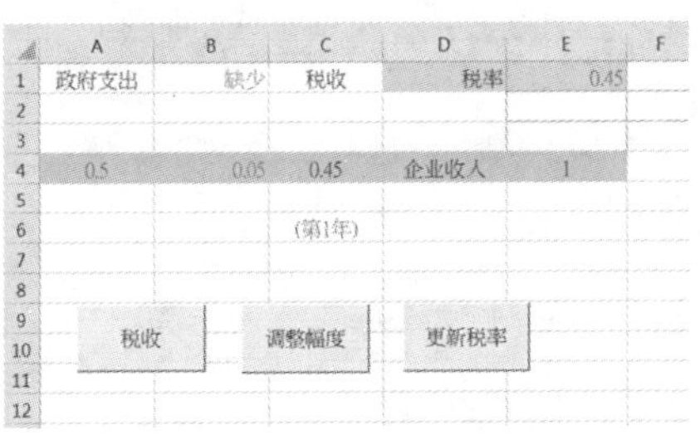

图10-20　AI机器的反馈

AI 机器说：调整税率之后，政府仍然短缺 0.05 元。人类学生按下“调整幅度”按钮，准备再度调高税率。如图 10-21 所示。

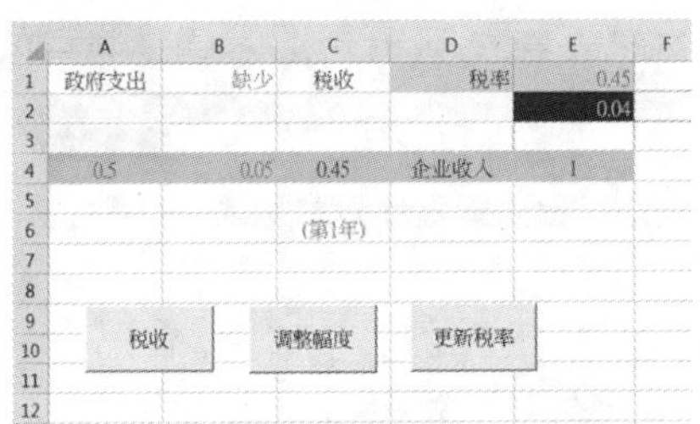

图10-21　持续调整

这说明了，税率准备再度调高 0.04。人类学生按下“更新税率”来互动。如图 10-22 所示。

	A	B	C	D	E	F
1	政府支出		税收	税率	0.49	
2						
3						
4	0.5			企业收入	1	
5						
6			(第2年)			
7						
8						
9	税收		调整幅度	更新税率		
10						
11						
12						

图10-22　人机互动

于是，第二年的税率调整为 0.49 了。人类学生再按下“税收”来互动。如图 10-23 所示。

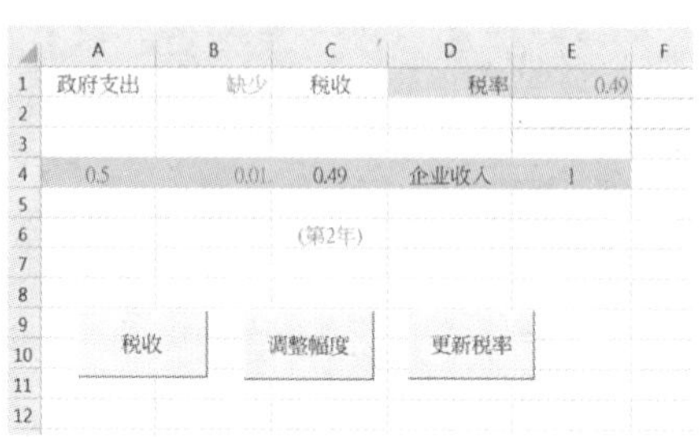

图10-23　AI机器反馈

AI 机器说：调整税率之后，政府仍然短缺 0.01 元。人类学生按下“调整幅度”按钮，准备再度调高税率。如图 10-24 所示。

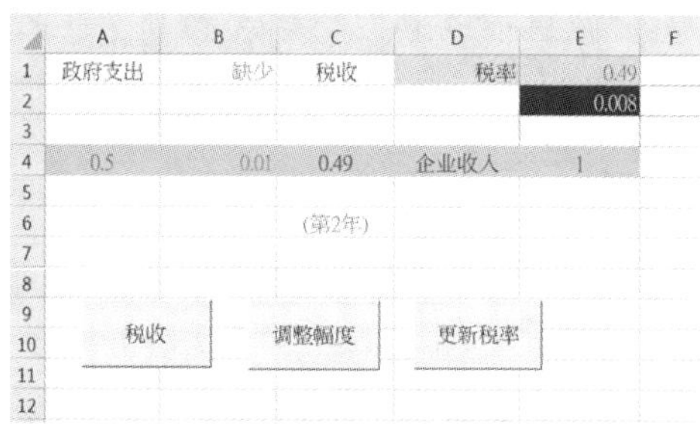

图10-24　持续调整

这说明了，税率准备再度调高 0.008。人类学生按下“更新税率”来互动。如图 10-25 所示。

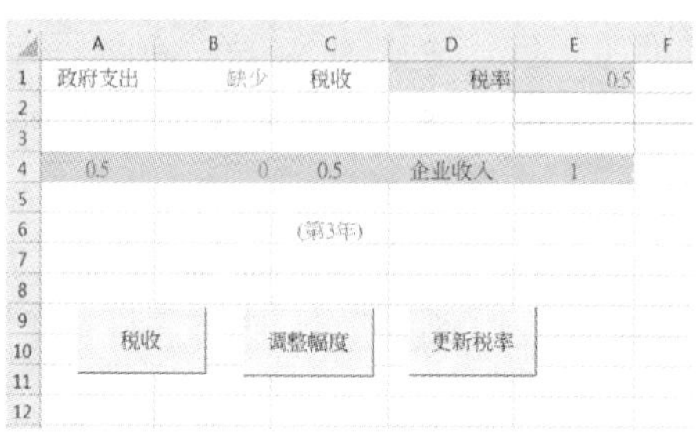

图10-25　愿景实现

AI 机器说：我成功了。我让税收每年逐步提高，这样每年的短缺金额逐步下降了。在学术圈里，其正式名词是“梯度下降方法”。

10.4　把AI机器拟人化（二）：以调整工作时数为例

10.4.1 以“AI 帮小明调整工作时间”为例

小明个人的目前每周收入是：日常上班，周薪为 1200 元。周六去打工，日薪（按每天工作 6 小时）300 元，依工作时间长度（分钟）计算付薪，目前打工 2 小时。周日做直播助理，日薪（按每天工作 6 小时）100 元，依工作时间长度（分钟）计算付薪，目前工作 3 小时。现在总共收入 1350 元。

但是他的家庭每周需要 1500 元的开销支出才够。那小明该如何调整周末（周六和周日）的工作时间呢？

教师在上 AI 课程时，可以让人类学生团队先讨论出想法和做法。人类学生先思考之后，再与 AI 机器学生来较量。也就是，把 AI 机器拟人化，教师把 AI 机器也看成一位学生，可以一起来 PK。

10.4.2 AI 机器同学出来了

这个 Excel 画面是这 AI 机器学生的 UI（User Interface）。如图 10-26 所示。

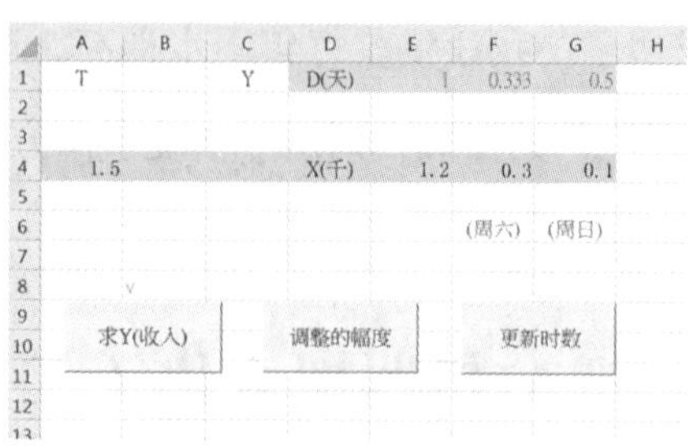

图10-26　AI机器的UI

这时 AI 机器学生来了，与人类学生打招呼。AI 机器说：我已经掌握小明的相关数据了。上方 0.5 表示工作了半天（3 小时），而 0.333 表示工作了 1/3 天（2 小时）。

此时，人类学生以第一人称的角色，通过教师设计的 Excel 画面与 AI 机器互动。人类学生按下“求 Y（收入）”按钮来互动。如图 10-27 所示。

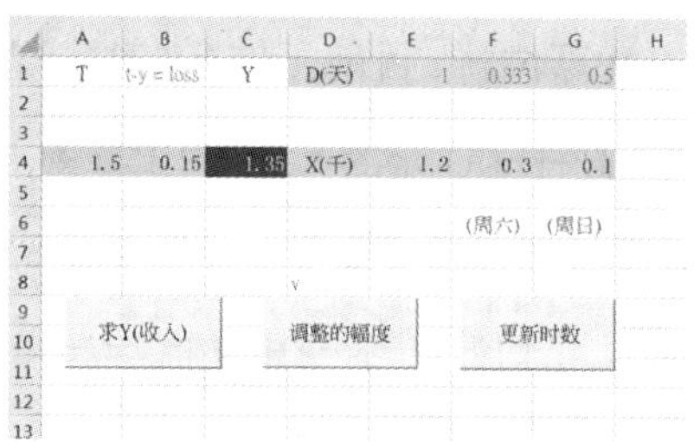

图10-27　人机互动

AI 机器说：目前小明缺少 150 元。人类学生按下“调整的幅度”按钮来互动。如图 10-28 所示。

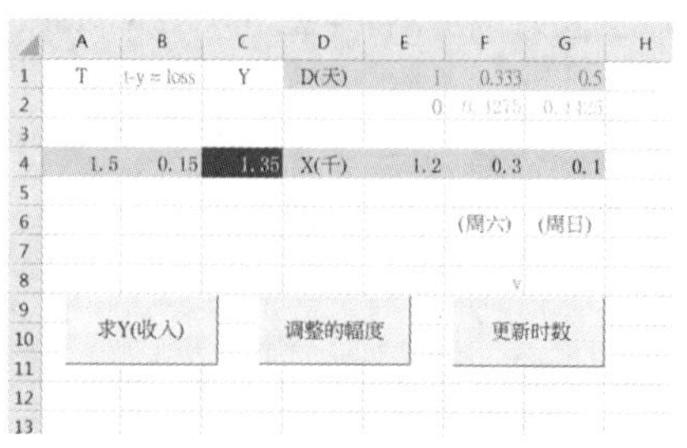

图10-28　调整的幅度

这说明了，准备把时数调高。人类学生按下“更新时数”来互动。如图 10-29 所示。

	A	B	C	D	E	F	G	H
1	T		Y	D(天)	1	0.7605	0.6425	
2								
3								
4	1.5			X(千)	1.2	0.3	0.1	
5								
6						(周六)	(周日)	
7								
8		v						
9–10	求Y(收入)			调整的幅度		更新时数		

图10-29　更新时数

于是，就把时数调整为 0.7605 天和 0.6425 天了。人类学生再按下“求 Y（收入）”按钮来互动。如图 10-30 所示。

	A	B	C	D	E	F	G	H
1	T	t-y = loss	Y	D(天)	1	0.7605	0.6425	
2								
3								
4	1.5	0.008	1.492	X(千)	1.2	0.3	0.1	
5								
6						(周六)	(周日)	
7								
8				v				
9–10	求Y(收入)			调整的幅度		更新时数		

图10-30　AI机器的反馈

AI 机器说：这样调整后，小明仍然缺少 8 元。人类学生继续按下“调整的幅度”按钮来互动。如图 10-31 所示。

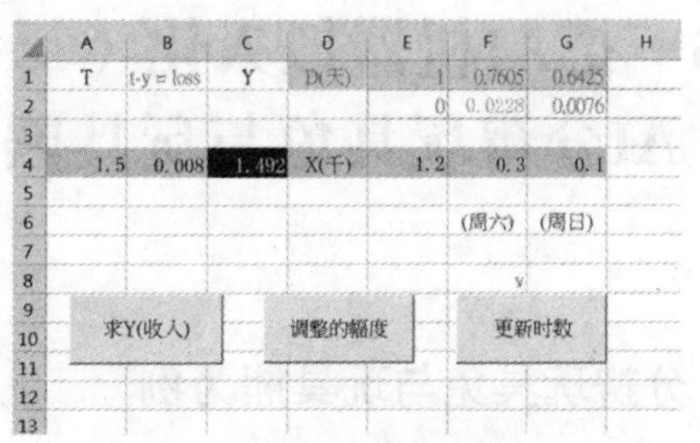

	A	B	C	D	E	F	G	H
1	T	t-y = loss	Y	D(天)	1	0.7605	0.6425	
2					0	0.0228	0.0076	
3								
4	1.5	0.008	1.492	X(千)	1.2	0.3	0.1	
5								
6						(周六)	(周日)	
7								
8							v	
9–10	求Y(收入)			调整的幅度		更新时数		

图10-31　继续调整

这次再把时数调高，人类学生按下“更新时数”来互动。如图 10-32 所示。

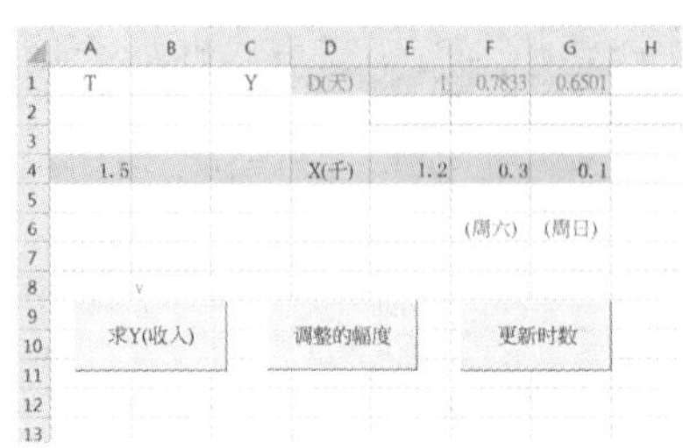

图10-32　更新时数

于是，就把时数调整为 0.7833 天和 0.6501 天了。人类学生再按下“求 Y（收入）”按钮来互动。如图 10-33 所示。

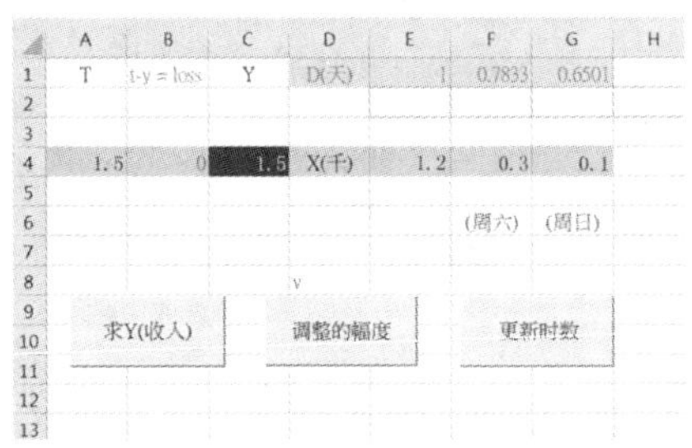

图10-33　愿景实现

AI 机器说了：我成功了。我让其逐步调高工作时数，这是采取了“梯度下降法”。

10.5　把AI机器拟人化（三）：AI分辨玩具兔与玩具熊

10.5.1 以 AI 分辨玩具兔与玩具熊为例

在这个范例里，由教师继续出题目，让学生先讨论，同时提出想法。首先，教师拿出 8 只玩具兔和玩具熊，放在桌子上。其相关的资料如表 10-1 所示。

表10-1　范例数据资料

身体重量（千克）	尾巴长度（厘米）	玩具种类
1	4.2	兔
1	5.6	兔
2	6.0	兔
2	5.2	兔
3	1.3	熊
3	2.1	熊
4	1.4	熊
5	2.0	熊

教师引导同学先讨论：人们会如何学习分门别类呢?

讨论完毕，这时 AI 机器学生来了，并与人类学生打了招呼。

10.5.2 AI 机器同学出来了

这个 Excel 画面是这 AI 机器学生的 UI（User Interface）。如图 10-34 所示。

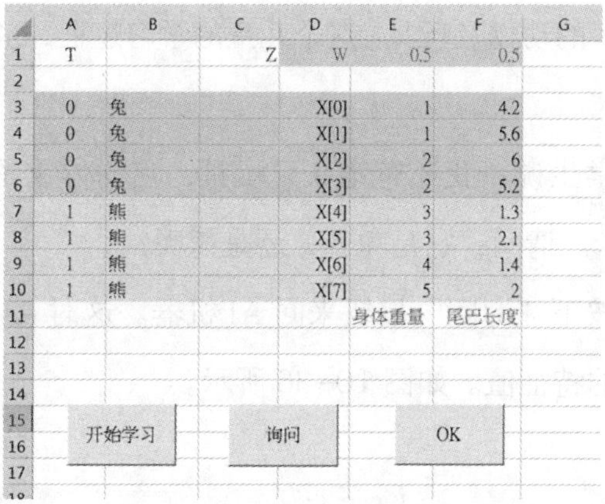

	A	B	C	D	E	F	G
1	T		Z	W	0.5	0.5	
2							
3	0	兔		X[0]	1	4.2	
4	0	兔		X[1]	1	5.6	
5	0	兔		X[2]	2	6	
6	0	兔		X[3]	2	5.2	
7	1	熊		X[4]	3	1.3	
8	1	熊		X[5]	3	2.1	
9	1	熊		X[6]	4	1.4	
10	1	熊		X[7]	5	2	
11					身体重量	尾巴长度	

开始学习　询问　OK

图10-34　AI机器的UI

人类学生按下“开始学习”按钮来互动。如图 10-35 所示。

	A	B	C	D	E	F	G
1	T		Z	W	2.892591	-1.7971425	
2							
3	0		0	X[0]	1	4.2	
4	0		0	X[1]	1	5.6	
5	0		0	X[2]	2	6	
6	0		0.01	X[3]	2	5.2	
7	1		1	X[4]	3	1.3	
8	1		0.98	X[5]	3	2.1	
9	1		1	X[6]	4	1.4	
10	1		1	X[7]	5	2	
11					身体重量	尾巴长度	
12		学习完毕					
13							
14							
15		开始学习		询问		OK	
16							
17							

图10-35　AI机器进行学习

经过约两分钟，AI 机器学生说：我学习完毕了。这位 AI 机器学生的“学习（Machine learning）”就如同儿童的学习过程，从观察自己桌上一堆玩具兔的特征（Feature）开始，如长耳朵、短尾巴，到观察一堆玩具猫的特征，如短耳朵、长尾巴。假如有一天，妈妈买回来一只玩具马，儿童看到它尾巴长、耳朵短，就不自觉地把玩具马当成玩具猫了。妈妈这时马上纠正他。接着，儿童又发现了玩具马的另一个特征：腿长长的。渐渐地，他学会了辨识更多的动物及玩具。这个儿童的学习过程，称为妈妈在“训练”儿童的过程。

此时，人类学生说：我还有第 9 只玩具，它的体重是 1.8 千克，而尾巴长度是 4.8 厘米。请问：它是兔子，还是熊呢？

人类学生就按下“询问”按钮来问 AI 机器。这时 AI 机器就说：请你输入第 9 只玩具的特征值。如图 10-36 所示。

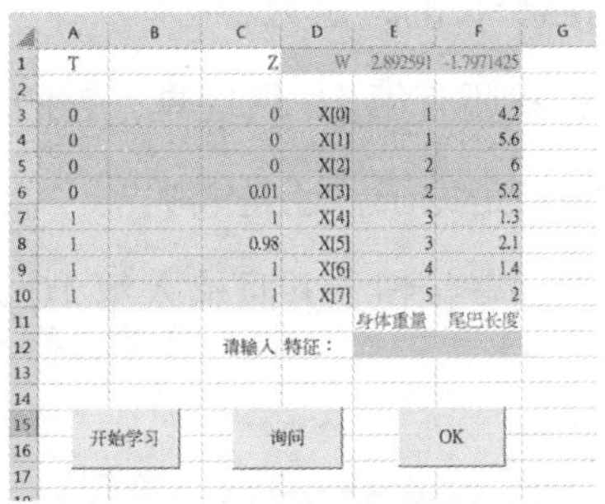

	A	B	C	D	E	F	G
1	T		Z	W	2.892591	-1.7971425	
2							
3	0		0	X[0]	1	4.2	
4	0		0	X[1]	1	5.6	
5	0		0	X[2]	2	6	
6	0		0.01	X[3]	2	5.2	
7	1		1	X[4]	3	1.3	
8	1		0.98	X[5]	3	2.1	
9	1		1	X[6]	4	1.4	
10	1		1	X[7]	5	2	
11					身体重量	尾巴长度	
12			请输入	特征：			
13							
14							
15-16	开始学习		询问		OK		
17							

图10-36　AI机器界面

人类学生就输入：1.8 和 4.8。如图 10-37 所示。

	A	B	C	D	E	F	G
1	T		Z	W	2.892591	-1.7971425	
2							
3	0		0	X[0]	1	4.2	
4	0		0	X[1]	1	5.6	
5	0		0	X[2]	2	6	
6	0		0.01	X[3]	2	5.2	
7	1		1	X[4]	3	1.3	
8	1		0.98	X[5]	3	2.1	
9	1		1	X[6]	4	1.4	
10	1		1	X[7]	5	2	
11					身体重量	尾巴长度	
12			请输入	特征：	1.8	4.8	
13							
14							
15-16	开始学习		询问		OK		
17							

图10-37　输入第9只玩具的特征值

然后，人类学生就按下“OK”按钮，请 AI 机器回答。如图 10-38 所示。

	A	B	C	D	E	F	G
1	T		Z	W	2.892591	-1.7971425	
2							
3	0		0	X[0]	1	4.2	
4	0		0	X[1]	1	5.6	
5	0		0	X[2]	2	6	
6	0		0.01	X[3]	2	5.2	
7	1		1	X[4]	3	1.3	
8	1		0.98	X[5]	3	2.1	
9	1		1	X[6]	4	1.4	
10	1		1	X[7]	5	2	
11					身体重量	尾巴长度	
12			请输入	特征：	1.8	4.8	
13				Z = 0.032		玩具兔	
14							
15-16	开始学习		询问		OK		
17							

图10-38　根据训练学习得出结论

AI 机器说：它的尾巴长长的，是兔子呀。

此时，人类学生说：我还有第 10 只玩具，它的体重是 4.2 千克，而尾巴长度是 2.0 厘米。请问它是兔子，还是熊呢？

人类学生就按下“询问”按钮，并且输入第 10 只玩具的特征值。如图 10-39 所示。

	A	B	C	D	E	F	G
1	T		Z	W	2.892591	-1.7971425	
2							
3	0		0	X[0]	1	4.2	
4	0		0	X[1]	1	5.6	
5	0		0	X[2]	2	6	
6	0		0.01	X[3]	2	5.2	
7	1		1	X[4]	3	1.3	
8	1		0.98	X[5]	3	2.1	
9	1		1	X[6]	4	1.4	
10	1		1	X[7]	5	2	
11					身体重量	尾巴长度	
12			请输入	特征：	4.2	2	
13				Z =	1	玩具熊	
14							
15		开始学习		询问		OK	
16							
17							

图10-39　AI机器再次反馈

AI 机器说：它的身体重重，尾巴短短，是熊呀。

经过重复的训练，AI 机器不断学习并记忆数据，通过基本的特征值，已经可以辨别出玩具兔和玩具熊。

在 AI 时代里，AI 机器像人类一样喜欢学习，愈来愈智能。AI 机器的全局探索能力能协助人类的创意思考，迅速寻找到最优的实践方案。人类的缜密创想也可以弥补 AI 机器智能的弱点。人类和 AI 机器既为相辅，又互相促成。

第 11 章

放眼未来协同创新：人机共舞

——以机器人助教为例

★ 11.1　复习：探索与利用的平衡

★ 11.2　AI机器与机器之间的协同创新

★ 11.3　观摩AI的生成对抗网络

★ 11.4　人机协同合作及创新

★ 11.5　任正非的假设与总裁决策

★ 11.6　奥思乐的“机器人助教”推广计划

可以说，人人都天赋三种思维能力，分别是归纳性、演绎性和溯因性思维。如果三种思维的协同合作，能支持创新探索和去芜存菁两者的平衡关系时，即涌现巨大的创新力。反之，创新力则式微。

2016—2017年，AI（人工智能）的代表作AlphaGo，追求上述两者平衡，让AI更上一层楼，超越了人类围棋高手，逐渐展开人机共舞的序幕。

11.1　复习：探索与利用的平衡

在前面第 8 章里，已经说明了慢思快学的学习模式，能唤醒人们的溯因性推理天赋，促进探索新知的自信，激发更多创新。而慢学快思学习模式则能发挥人们的归纳性推理能力，有效利用专业知识和经验直觉，增强鉴往知来、去芜存菁（又称剪枝）的能力。当我们力求达到“探索”与“利用”的平衡时，将产生源源不绝的创新，并大幅提升其可实现性，让创意更接地气。

在第 7 章里，主要说明了人与人之间的平衡互补可以促进大胆又缜密的创新。在本章里，为了迎接 AI 时代的来临，特别用 AI 机器（人）的角色来说明人与 AI 机器之间如何力求探索与利用的平衡，形成人机协同创新，迎接人机共舞的新时代。

11.1.1 探索（慢思快学）

纵观人类每一次革命性的科技创新，都是人类跳出了经验范围内的局部最优(Local optima),而大跨度去探索全局最优(Global optima)的表现，如古典力学、麦克斯韦方程式、广义相对论等。

以通俗的话来说，探索（Exploration）的含义就是：尝试以前从未做过的事情，以求获得更高的报酬。这非常依赖于人们天赋的溯因性思维。

11.1.2 利用（慢学快思）

以通俗的话来说，利用（Exploitation）的含义是：做当前所知能产生最大回报的事情。这非常依赖于归纳性思维。宋代大文豪苏东坡在《稼说》一文中所说的“博观而约取，厚积而薄发”，凸显了当代主流是归纳性思维，也意味了溯因性思维的式微，失去了平衡发展。博观需要花费很长的时间，约取（归纳 / 抽象）才能捷思（快思），可以在短时间的殿试、乡试获得高分，所以有“十年寒窗无人问，一举成名天下知”之说。

11.1.3 AI 时代：人机共舞、协同创新

2016—2017 年，AI 的代表作 AlphaGo 系列（包括 AlphaGo 和 AlphaGo Zero），追求上述两者的平衡，超越了人类围棋高手，让 AI 更上一层楼。

当我们把 AlphaGo 与 AlphaGo Zero 两者对比来看，会发现 AlphaGo 花了许多时间去学习人类的棋谱。它依循人类的慢学快思学习模式，搭配其高速的计算能力，成为新的快学快思模式，快速利用所学的知识经验，快速归纳出近似人类的直觉判断。

相对于 AlphaGo，AlphaGo Zero 则增加了更强大的探索功能，跳出了人类棋谱范围内的局部最优，进行大跨度探索全局最优，带来更多创意和赢棋的机会。所以，AlphaGo 偏于利用所学的知识经验，AlphaGo Zero 则偏于探索全局最优路径。如果把它们组合起来，将产生美好的协同创新效果，如图 11-1 所示。

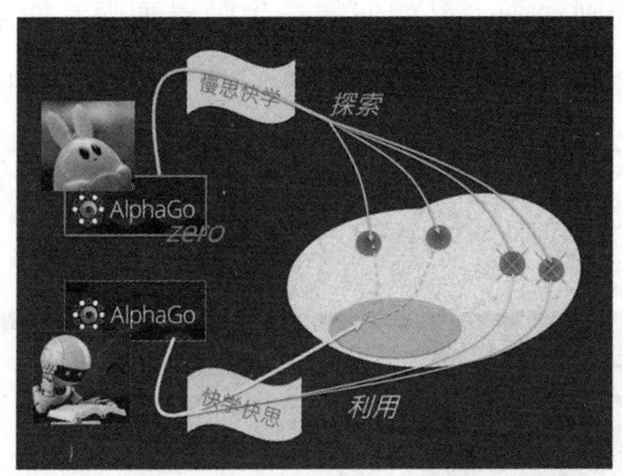

图11-1　探索与利用的平衡

11.2　AI机器与机器之间的协同创新

11.2.1 机器教师与机器学生，如何教学相长呢?

俗语说，教学相长。不仅仅在人类的学习中是如此，在 AI 机器之间的学习中也是如此。现在，教师可以引领学生一起来探索这个问题。先来描述一下现实的情况，如图 11-2 所示。

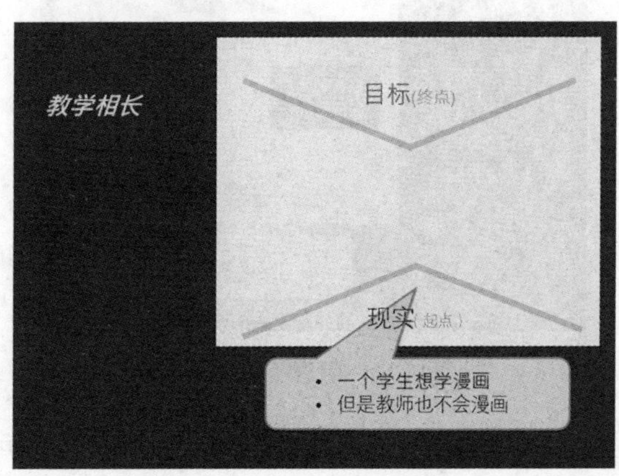

图11-2　现实（Reality）

这位教师不会画漫画，又如何教学生画漫画呢？如果可以的话，在教学的过程中，两者共同从零开始，一起成长，这可以说是教学相长。

有没有可能实现呢？这就是问题。教师就在海报纸上加了一张便利贴，写上：这位教师如何教呢？如图 11-3 所示。

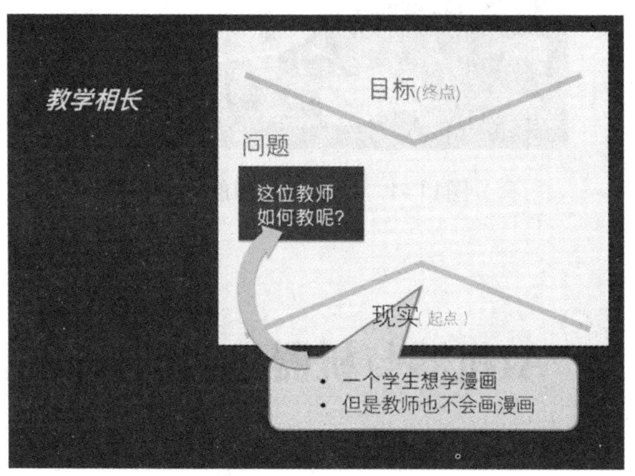

图11-3　问题（Problem）

接着，教师又添加一张便利贴，写下愿景：期待能实现教学相长。如图 11-4 所示。

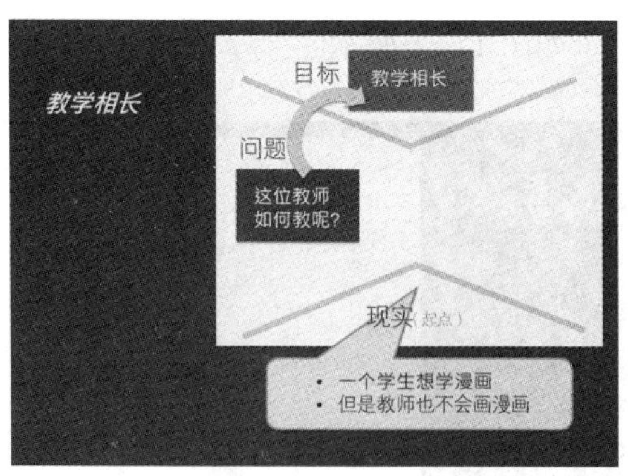

图11-4　愿景（Vision）

接着，学生就发挥想象力，展开创意，寻找有哪些途径可以通往终点。例如，学生贴出了更多的想法，来与大家分享。如图 11-5 所示。

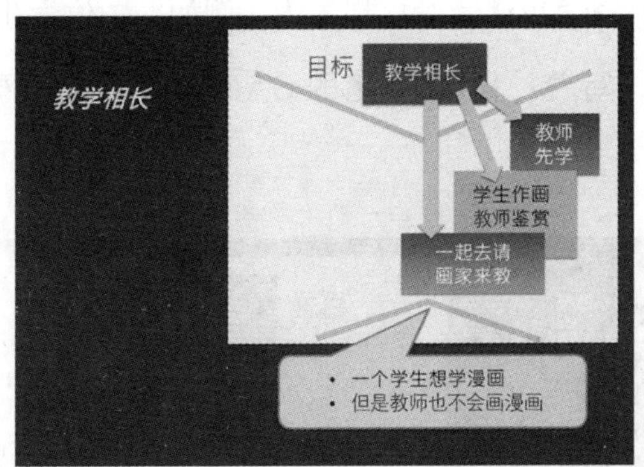

图11–5　创想（Creative）

然后，大家开始讨论，对各方案进行去芜存菁，如图 11–6 所示。

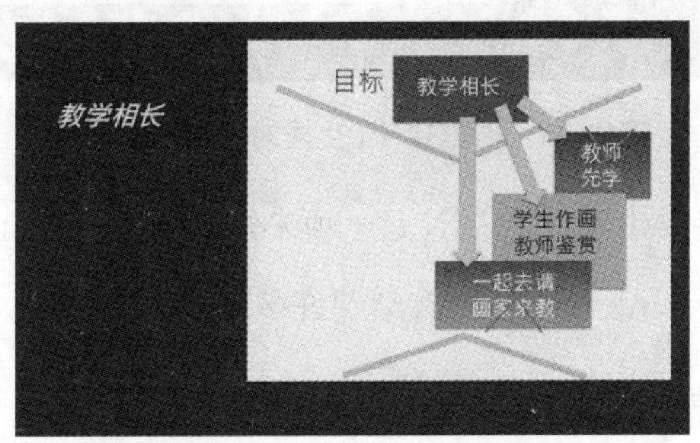

图11–6　去芜存菁

删除了两项，剩下一项，没有充足理由可删除它，就把它留下来。如图 11–7 所示。

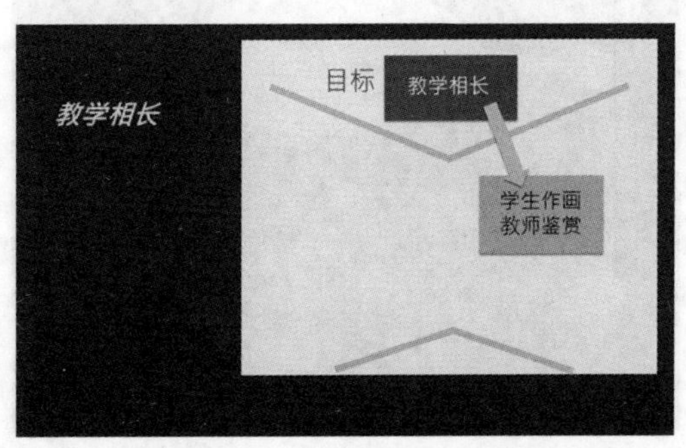

图11–7　深入探索这个方案

接着，教师引导学生继续发挥想象力。例如，一位学生走到海报纸前，贴出一张便利贴，写着：采取 AI 里的 GAN（生成对抗网络）学习模式。如图 11-8 所示。

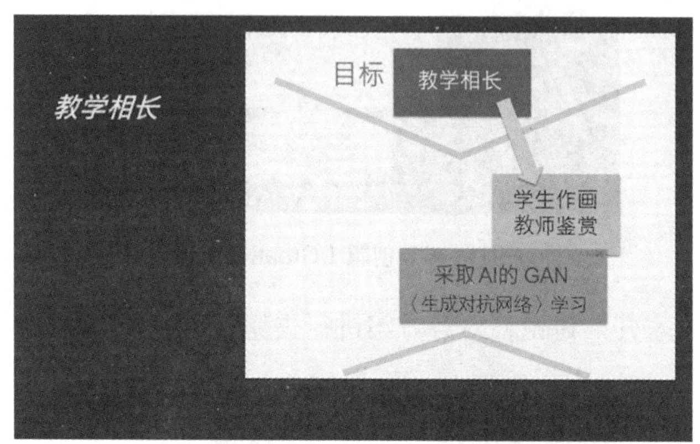

图11-8　采取GAN（生成对抗网络）学习

这时，对许多学生来说，GAN 是一项未知的新事物（Unknown）。于是，大家就展开Know Unknown动作，学到许多知识，如下一小节（11.2.2）所述。

11.2.2 新潮的 GAN：对抗式协同合作

AI 机器学生和机器教师，两者都是从零开始，共同成长。如图 11-9 所示。

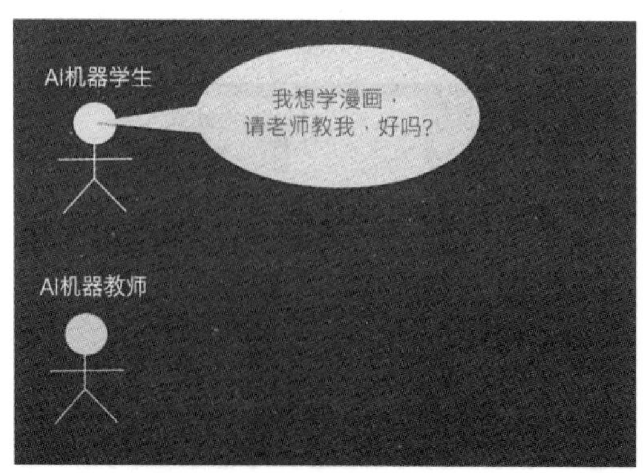

图11-9　学生创作

虽然教师不会画漫画，但他会拿学生的作品与《龙猫》漫画书来做特征对比。如图 11-10 所示。

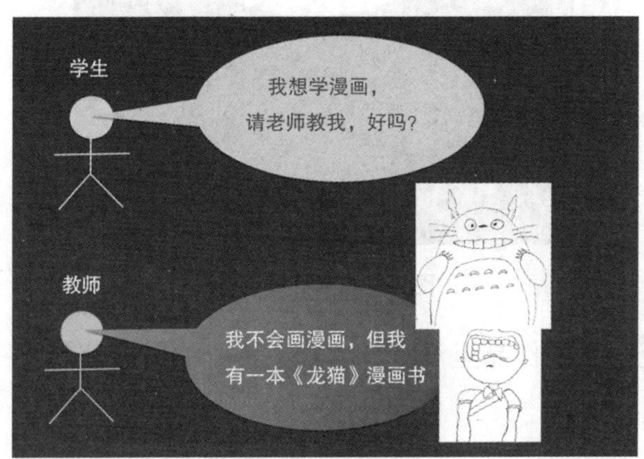

图11-10　教师鉴赏

如果学生的作品没有《龙猫》漫画书中漫画的重要特征，就会感觉画得不像。如图 11-11 所示。

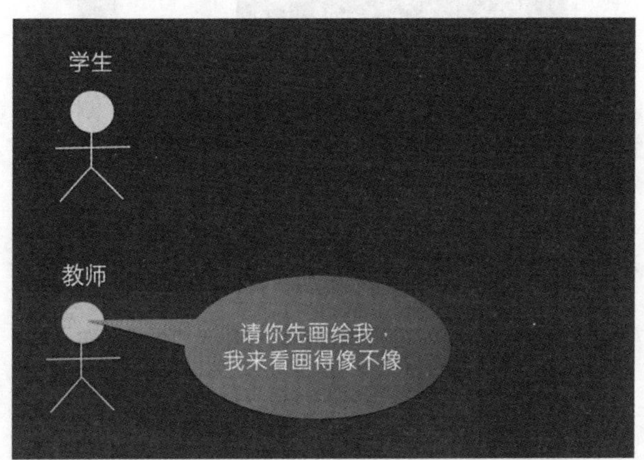

图11-11　鉴赏：拿创作品与目标作品互相比较

于是，AI 机器学生开始作画了。如图 11-12 所示。

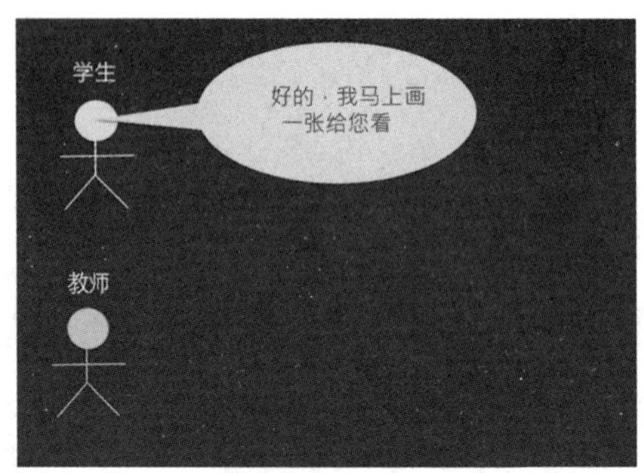

图11-12　开始创作

教师发现学生的作品里没有《龙猫》漫画中的重要特征——胡须。如图 11-13 所示。

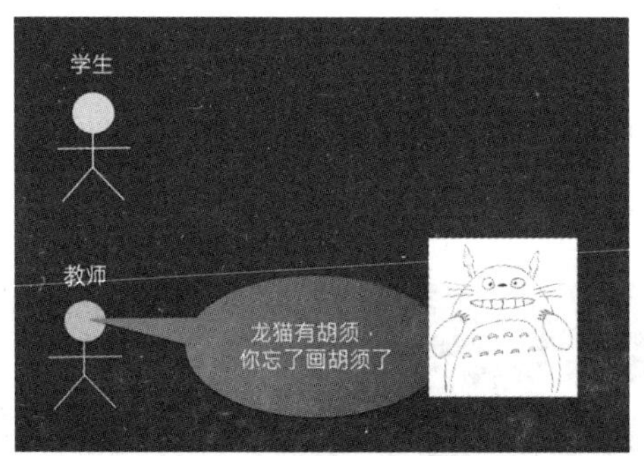

图11-13　发现有个地方画得不像

教师就要求学生加以改善。如图 11-14 所示。

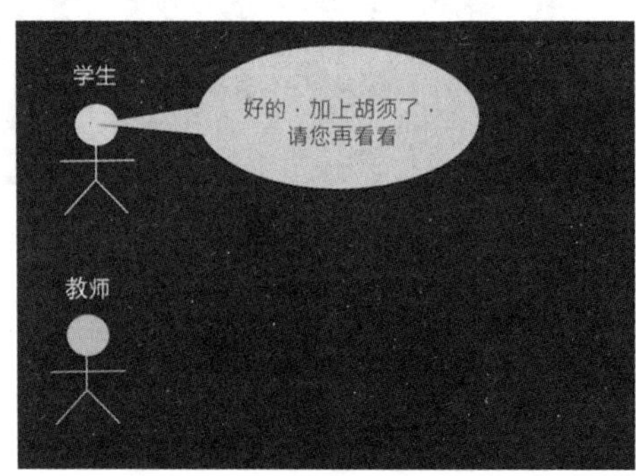

图11-14　加以改善

教师又发现学生作品里少了《龙猫》漫画的另一项特征：娃娃哭时嘴巴张得很大。如图 11-15 所示。

图11-15　继续鉴赏比对

教师就要求学生加以改进。如图 11-16 所示。

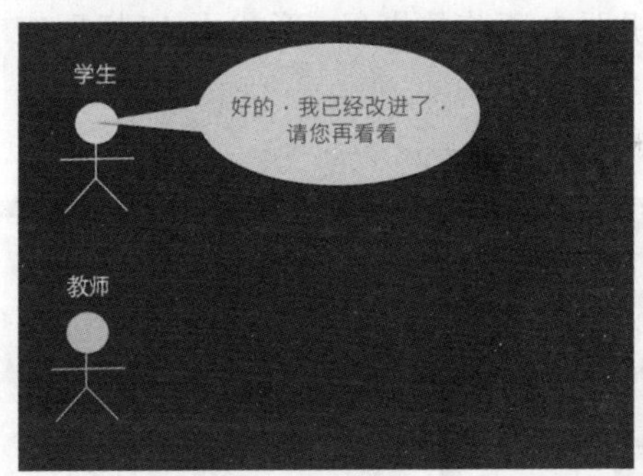

图11-16　继续修正改进

两者互相较量，又协同创新，持续不断地改进下去，就会止于至善。

11.3　观摩AI的生成对抗网络

在 AI 领域里，如上一小节（11.2）所述的协同创作机制，称为生成对抗网络（Generative Adversarial Network，简称 GAN）。学生（创作者）的角色，称为生成器（Generator），而教师（鉴赏者）的角色称为判别器

（Discriminator）。

11.4 人机协同合作及创新

在上一小节（11.3）里所介绍的 GAN 协同创新模式，属于 AI 机器与机器之间的协同合作或创新。然而，在 AI 科技不断发展的潮流下，这些协同合作模式也有望扩展为人机之间的协同合作或创新。

11.4.1 AI 机器扮演鉴赏者角色

把上一小节（11.3）里的创作者角色改为人类学生，让人类学生来学习创作，但仍由 AI 机器来评鉴与指导，形成由 AI 机器来教人类创新的情境，如图 11-17 所示。

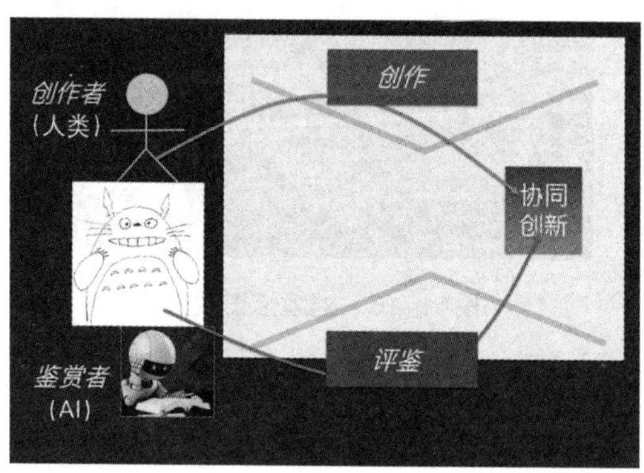

图11-17 AI鉴赏，人类创作

尤其在 AI 教学上，这是一项非常令人期待的发展方向。

11.4.2 AI 机器扮演助手角色

在这方面，AI 的表现非常出色，包括语音秘书、绘画等助手。如图 11-18 所示。

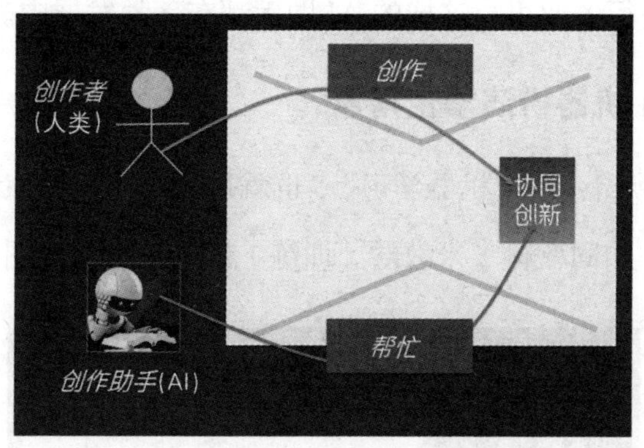

图11-18　人类的AI助手

就像谷歌公司的 AutoDraw 绘画助手，可随时陪伴创作者作画。例如，学生画一张图，如图 11-19 所示。

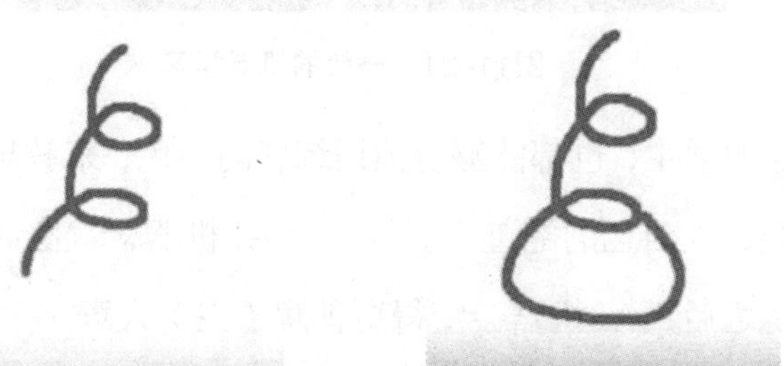

图11-19　用AutoDraw绘图

当学生画了上面左图，继续画右图时，可以让 AutoDraw 绘画助手来表现一下，它可以帮忙画图，如图 11-20 所示。

图11-20　AI绘画助手的杰作

目前，在各行各业里，这样的 AI 助手都在蓬勃发展中。

11.4.3 AI 机器扮演学生角色

第 10 章里所介绍的“机器学习”，也就是人类担任训练者（Trainer），采集许多数据（如同教材）来教导（训练）机器学生。如图 11-21 所示。

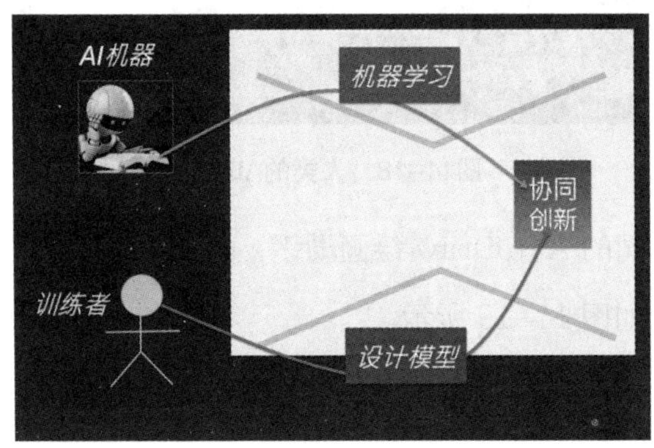

图11-21　一般的机器学习

即使一般的学生，也都能够扮演训练者的角色，来教导 AI 机器。例如，学生可以直接录入自己的笔迹来训练一个 AI 机器，就像训练自家的小狗一般。经过训练之后，AI 机器会变得更善解（主）人意。

在训练的过程中，开启 Excel 画面，开始与 AI 机器交互。学生书写阿拉伯数字，用笔迹来教导这位 AI 机器。如图 11-22 所示。

图11-22　学生正在输入笔迹，来训练AI机器

例如，写了阿拉伯数字 9，如图 11-23 所示。

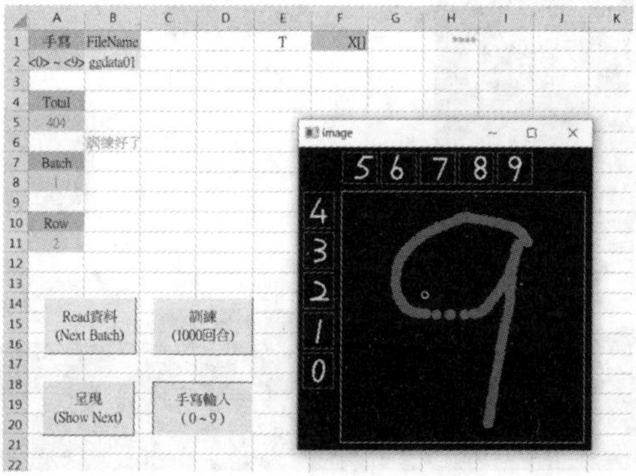

图11-23　输入笔迹9

继续写入阿拉伯数字 6，如图 11-24 所示。

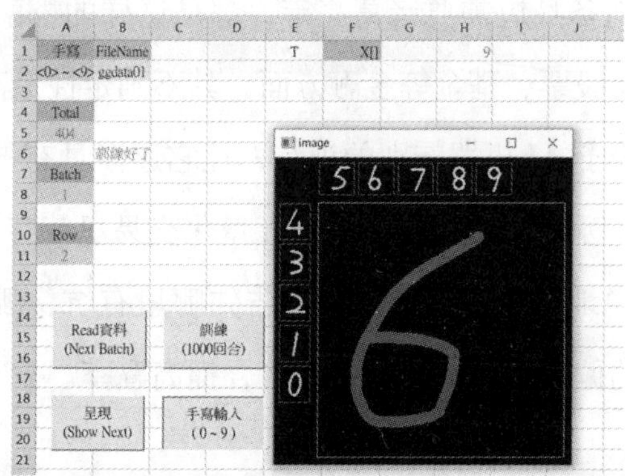

图11-24　输入笔迹6

学生可以写入数百个阿拉伯数字 0~9 的笔迹，来教导这位 AI 机器。就像人类的学习过程一样，很快地 AI 机器就学会了辨识这些笔迹，也就是学会分辨学生所输入的笔迹了。

11.4.4 AI 机器扮演神鹰角色

在前面第 7 章里，曾经介绍了成吉思汗与神鹰的故事。在某种场域里，这两者的组合常常是最成功的。如图 11-25 所示。

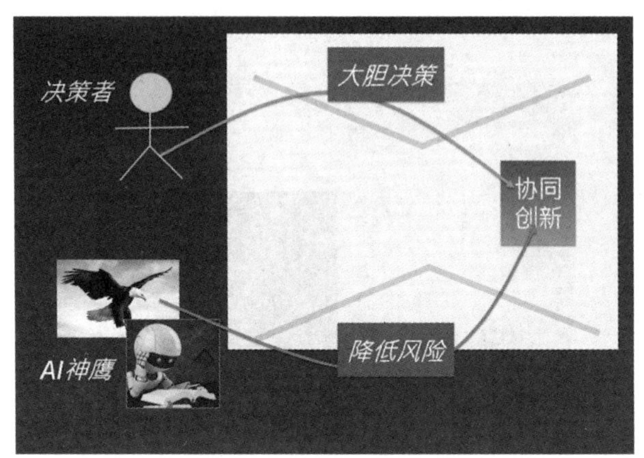

图11-25　人类与AI神鹰

不确定性高、变化度很大的场域，最典型的是政治与战争。所以刘邦身边需要张良，刘备身边需要诸葛亮等，都是这样的搭配。至于现在的不确定性场域，就是股票、基金等金融方面，其不确定性最高。

我们也可以给予 AI 机器特别的训练，让它逐渐具有神鹰的能力，来帮决策者降低风险。例如，在股票市场，AI 量化交易里就有 AI 神鹰的角色，这个角色会很敏锐地给予投资者示警，告知哪里有坑，哪里有洞，以此来有效避免投资者的偏见和误判，降低风险，提高赢率。

11.5　任正非的假设与总裁决策

任正非是当今全球著名的企业家，他非常注重创新，以此维持华为公司的高度发展活力。其创新来自愿景的指引，建立假设（Assumption or Hypothesis）创意。然后关注所有可能的失败，从可能的失败中萃取因子，对假设进行强力去芜存菁（又称剪枝策略），持续提高假设的可靠度。

11.5.1 非常重视假设性思想

任正非总裁曾幽默地称他在华为最大的权力就是思想权，而思想家的作用就是假设。他进一步阐述了假设之于思想的重要性：只有有正确的假设，才有正确的思想；只有有正确的思想，才有正确的方向；只有有正确的方向，才有正确的理论；只有有正确的理论，才有正确的战略。

在 2014 年的一次座谈会上，任正非特别强调：到底我们将来的技术思想是什么？技术路线是什么？我们假设这个世界是什么？我们假设对了，我们就正确了，可能也就成功了。我们假设错了，那我们可能就会进入类似北电、MOTO 一样的衰退。

11.5.2 从大数据看假设与总裁决策

在第 10 章中介绍机器学习时，说明过“AI+ 大数据”能快速掌握复杂数据的相关性，超越了人们短期的预测和决策能力。此外，“AI+ 大数据”也能有效发挥大数据的特性，检验决策幕后的假设，提升目前决策的未来性，降低长期决策的风险。

降低决策风险是决策者的责任，就如同军事将领常说的“不打没把握的仗”。那么，人们又如何通过提升对事物的把握度，来降低风险呢？其途径有二：

一是基于现实优势，以数据来严格实证和选择符合预测性的途径。就是所谓的发挥优势，稳定之中（找机会）力求发展。

二是基于未来机会，以数据来严格否证和删除无现实基础的各种假设（Assumption or Hypothesis），以便去芜存菁，选择能从现实通往未来愿景的途径。这就是所谓的把握机会，创新途径，实现愿景。

11.5.3 短期的预测与决策：使用 DTF 来表达

在前面的第 6 章里已经介绍过，DTF 思维框架含有四个元素：问题

（problem）、愿景（vision）、创意/假设（Creative/Hypothesis）和事实（reality）。

现在，先使用 DTF 来表达大数据与短期决策的关系，然后再来表达任正非总裁的假设与决策。

Step 1. 大数据表现最出色的部分是短期预测与决策，如图 11-26 所示。

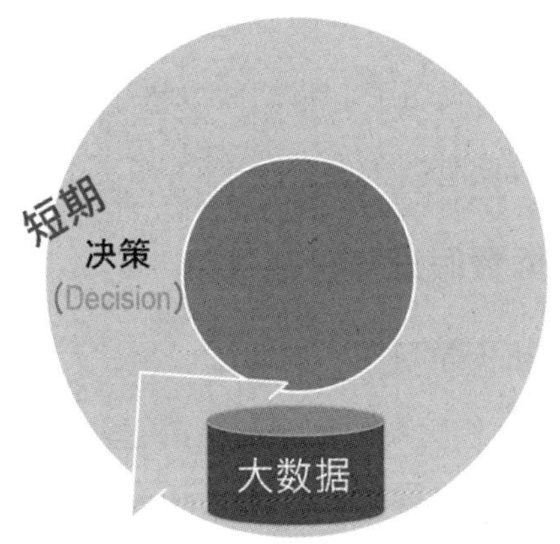

图11-26　短期预测与决策

Step 2. 对大数据进行相关性分析，这非常有助于改进短期决策，如图 11-27 所示。

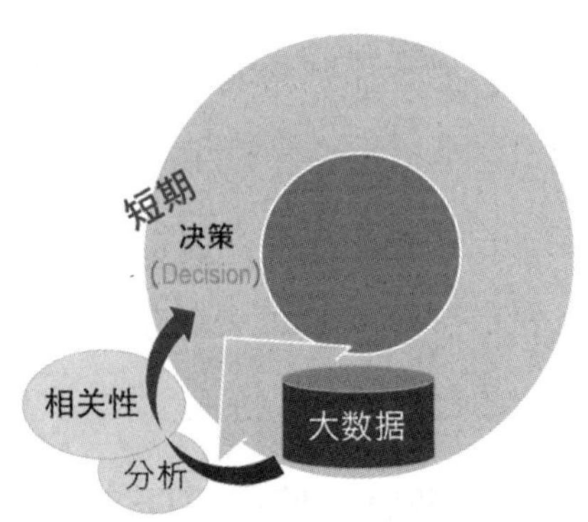

图11-27　分析相关性

Step 3. 基于相关性分析，可以提供有效的预测，并提供实证资料来指引企业经理迅速采取业务操作（Operations）面的决策。随着大数据和 AI（人工智能）的结合，愈来愈多的计算机代替人们（经理）来做这些决策。如图 11-28 所示。

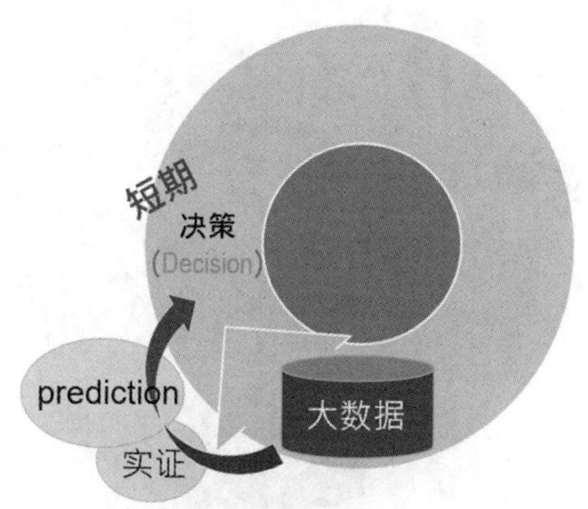

图11-28　提供实证

Step 4. 因此，当大数据的规模愈来愈大，计算机也愈来愈智能化，更加排除了人脑的参与。计算机将会取代许多人的工作，抢走了人们的工作机会，如图 11-29 所示。

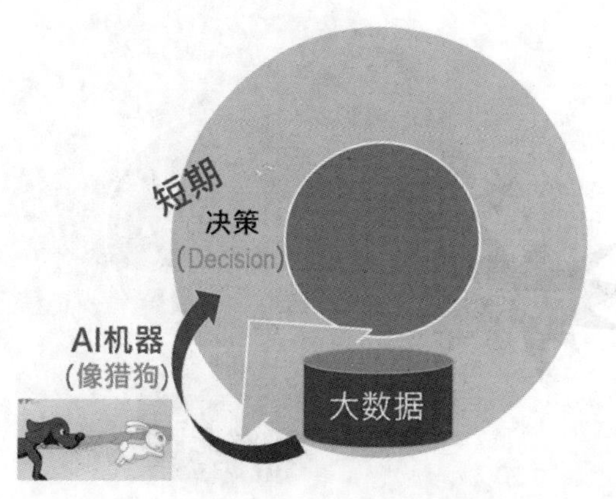

图11-29　大数据+AI机器学习+Prediction

11.5.4 长期的预测与决策

Step 1. 如何基于大数据来支持人们（如企业总裁）的长期决策呢？如图 11-30 所示。

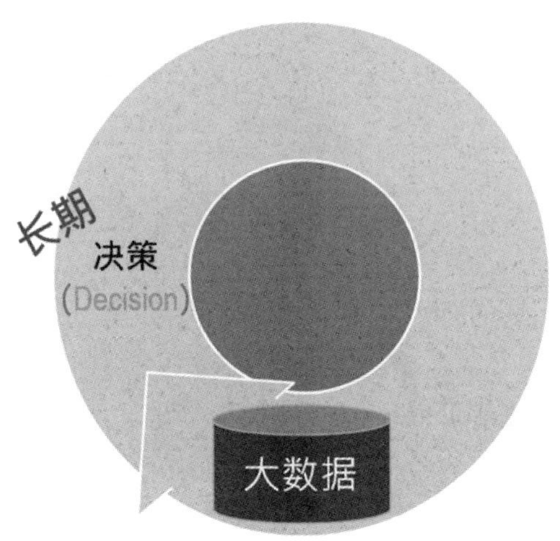

图11-30　提出问题

Step 2. 由于未来环境瞬息万变，愈长期的决策，其面对的不确定性就愈高。如图 11-31 所示。

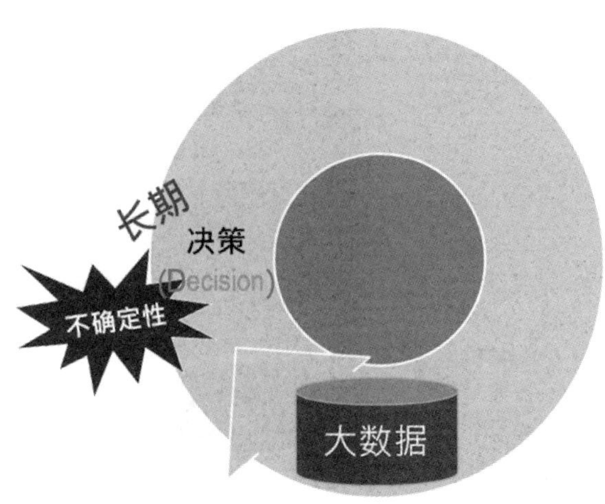

图11-31　具有不确定性

Step 3. 愿景就像北极星，指引人们发现更多可通往愿景之路径。如图 11-32 所示。

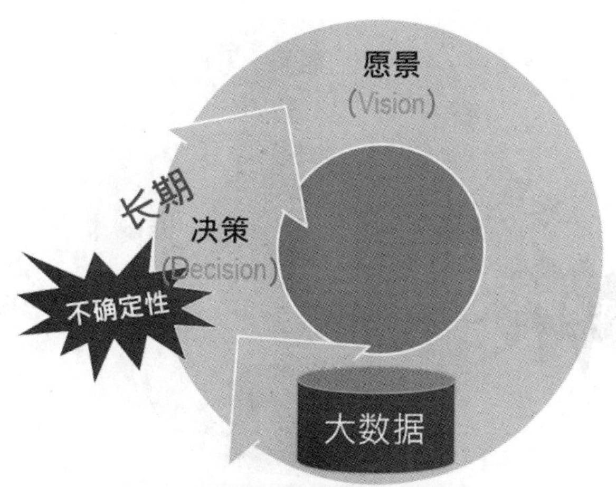

图11-32　明确愿景

Step 4. 但是这些可通往愿景之路径，人们还未确知在未来的路程中，是否可获得现实条件的支持，所以决策者内心会对许多未来可能的资源和变化做出很多假设。如图 11-33 所示。

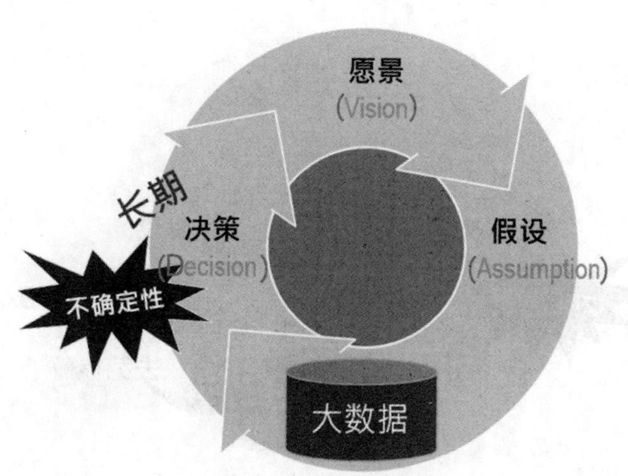

图11-33　提出假设

Step 5. 这种对未来演变趋势的假设性预估，就称为预测或预估（Forecasting）。如图 11–34 所示。

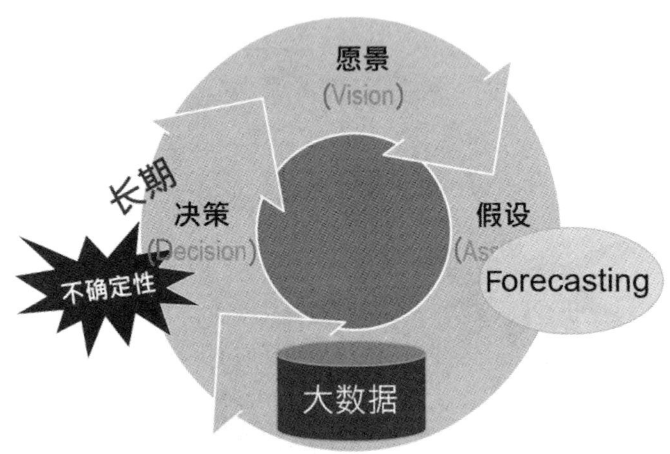

图11–34 预测/预估（Forecasting）

Step 6. 假设性的估计，需要事实来检验（否证）。这时，大数据扮演了非常重要的角色，那就是强有力地否证决策者内心的假设。如图 11–35 所示。

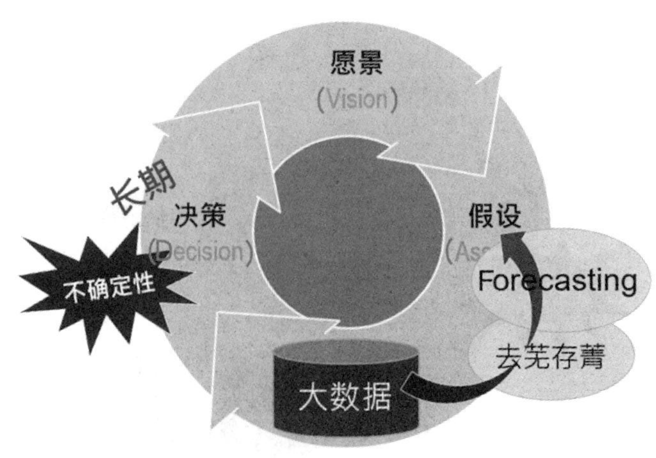

图11–35 去芜存菁

Step 7. 人脑擅长做假设，计算机擅长于大数据分析，于是“人脑 + 假设”+“计算机 + 大数据”成为最棒的长期决策的合作模式。这个模式简称为“人脑 + 大数据”模式。如图 11-36 所示。

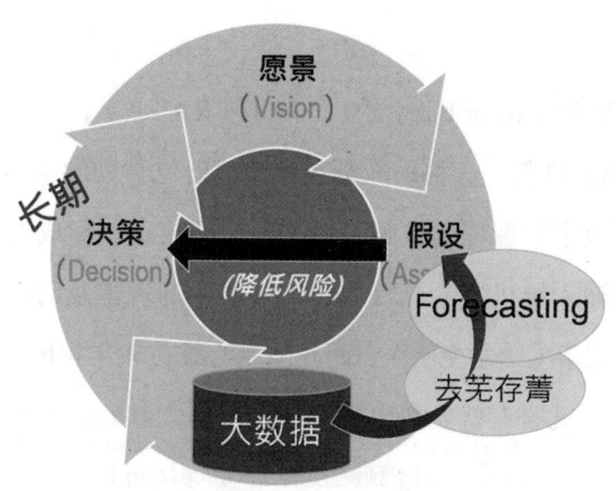

图11-36　“人脑+大数据”模式

Step 8.“人脑 + 假设”+“计算机 + 大数据”=“人脑 + 大数据”模式，该模式能对各项假设进行去芜存菁，也就能大幅降低决策的风险，如图 11-37 所示。

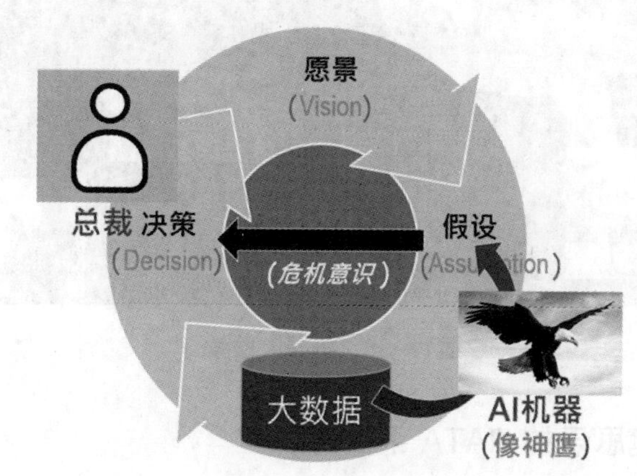

图11-37　降低风险

11.6　奥思乐的“机器人助教”推广计划

机器人当助教（Robot As a TA，简称 RATA），就是把机器人当作教学助理（TA：助教），协助教师教学，同时也帮助学生学习。例如，有一位担任“讲故事”课程的教师，他（她）把故事制作成为机器人可以演示的教材，并输入给机器人，以便发挥机器人的表情及动作。这样就可以由机器人来讲故事（给学生听），而教师专心维持教学氛围，不必重复讲。当讲到火焰山，机器人就显现出火焰山；讲到大峡谷，它就显现出大峡谷的最新景象。

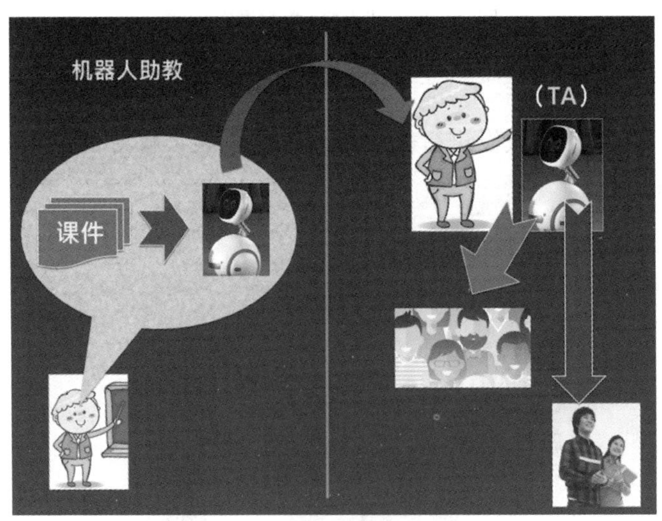

图11-38　机器人助教

11.6.1 奥思乐的 RATA 平台计划

一旦更多教师乐意把他（她）的教案制作成适合机器人演示的教材，

就可以形成一个众人共享的“Robot As a TA”教材平台，简称 RATA 平台。

于是，教师都是教材的创作者，也是使用者，这能有效激励教师进行创作，并从 IP 授权中获利。而平台的经营者可从教材（含素材）的 IP 授权交易中获利，并且有效保护教师的教材 IP（著作权），同时推广授权交易（收费），与辛苦创作的教师共享收益。

11.6.2 ZATA 教材开发：以 Zenbo 机器人为例

RATA 平台支撑各学校教师之间的跨领域合作，共同推出一个 RATA 教材的标准开发流程（SOP），用以产出适合于机器人（Robot-Enabled）的教材。在这个 RATA 平台的支持下，所有教师既是教材的生产者，又是消费者。

Zenbo 是一款智能家庭助理机器人，它提供了开发工具包括积木式（图形化）程序开发工具（App builder）、对话编辑器（DDE editor）以及故事编辑器（Story editor）。如图 11-39 所示。

图11-39　Zenbo教材开发工具

其中，积木式（图形化）程序开发工具是基于 Google Blockly 而发展出的 Zenbo 可视化编程环境，除了可用来控制 Zenbo 的动作、表情、感测、行动等功能之外，还提供视觉 3D 仿真器、可预览（Preview）程序的执行结果，提升程序设计的趣味性和效率。Blockly 是 Google 所推出的可视化程序编辑器原型，开发者只要打开浏览器就可以进行程序创作，通过积木的拖曳和组合，就能很轻松地开发出有趣的应用程序（App）。在 Zenbo 里，这种积木式应用程序称为 Zba 应用程序。

对话编辑器简称 DDE，它是用来协助开发者设计、测试及发布人机之间语音互动的对话脚本。开发者预先把人类的知识（Knowledge）输入 Zenbo 的脑海里。当 Zenbo 遇到人类时，就能听懂人类的声音，并转换为语句，然后 Zenbo 以声音、图像或行动来回应。例如，在大家的经验中，大多是通过手指触摸手机屏幕而启动的手机 App。但是在 Zenbo 上，我们可以直接对它讲话，借由声音来启动幕后的 App，并且在 App 执行中，还能通过持续对话指挥 Zenbo 的各种语音、表情、肢体动作的回应和互动。

故事编辑器提供了流畅的操作方式，让开发者（如学校里的教师）利用时间轴方式编辑故事，搭配仿真器实时浏览、修改编辑内容，快速产生高质量的交互式内容。例如，笔者创立了一个 RATA（Robot As a TA）联盟，提倡机器人成为教师和学生的生活伙伴，让机器人陪伴学生唱歌、跳舞及交流感情，添加了更多的感性因素，如图 11-40 所示。

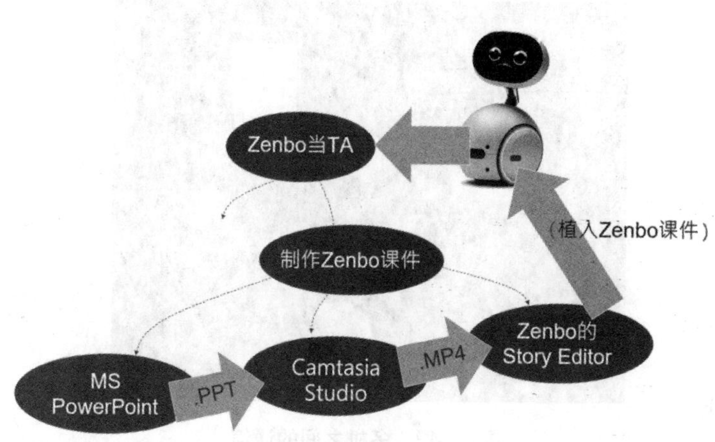

图11-40　Zenbo故事编辑工具和流程

11.6.3 多机联合教学

多台机器人可以串联起来，协助人类来教学。人机之间可使用 AI 语音进行交流，而机器人与机器人之间则可使用 WiFi 进行远程通信，也可以使用蓝牙进行通信。

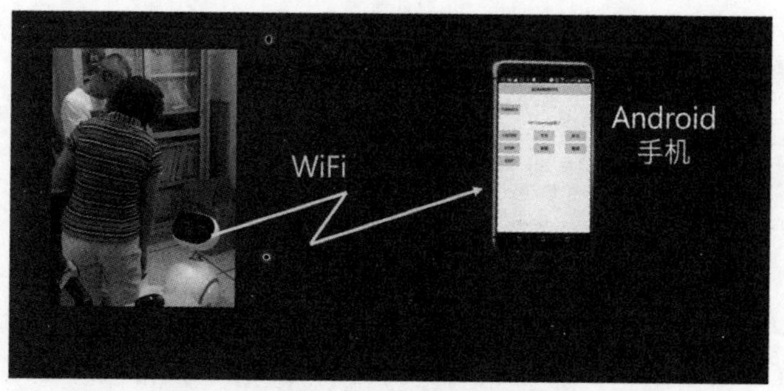

图11-41　人机交互

上课时，教师可以使用随身携带的手机指示机器人，而学生可以使用语音来和机器人助教交流，而且可以跨教室交流（如联合会议或辩论会）。

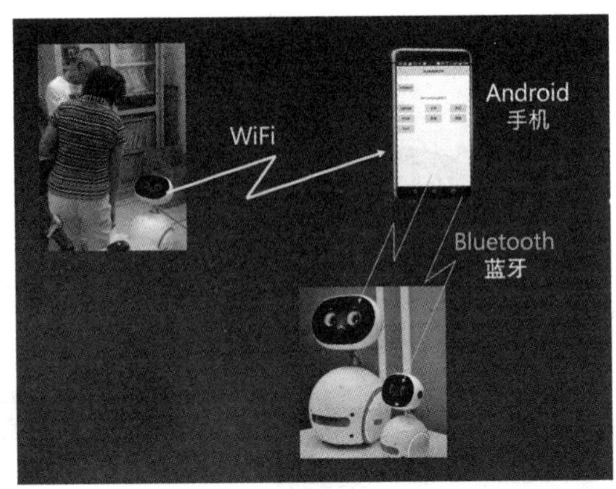

图11-42　多机之间的通信

这样就形成非常有趣又跨界的联合教学，也实现了人机共舞的创意性教学新模式。